21世纪经济管理新形态教材·工商管理系列

公司战略与风险管理

陈丽贤 ◎ 主编

清华大学出版社

北京

内 容 简 介

本书以"公司战略和风险管理"为主题,分三个部分共七章。第一部分为战略管理篇,内容包括第一至四章:第一章为绪论;第二至四章分别介绍了战略分析、战略选择与战略实施。第二部分为公司治理篇,即第五章,主要介绍了治理理论、治理的主要问题、内部治理结构与外部治理机制、治理的基础设施。第三部分为风险管理篇,内容包括第六至七章:第六章介绍了风险的分类、风险管理的流程和体系、风险理财措施、风险管理的技术与方法;第七章介绍内部控制的演进历程、内部控制指引、内部控制的局限性。本书涵盖了注册会计师考试大纲的大部分内容,为准备注册会计师考试提供便利,也为企业管理者和风险管理从业者提供便捷的学习指引。

本书封面贴有清华大学出版社防伪标签,无标签者不得销售。
版权所有,侵权必究。举报: 010-62782989, beiqinquan@tup.tsinghua.edu.cn。

图书在版编目(CIP)数据

公司战略与风险管理 / 陈丽贤主编. —北京:清华大学出版社,2023.10
21世纪经济管理新形态教材. 工商管理系列
ISBN 978-7-302-64669-3

Ⅰ.①公… Ⅱ.①陈… Ⅲ.①公司—企业管理—教材②公司—风险管理—教材 Ⅳ.① F276.6

中国国家版本馆 CIP 数据核字 (2023) 第 182376 号

责任编辑:严曼一
封面设计:汉风唐韵
版式设计:方加青
责任校对:宋玉莲
责任印制:沈 露

出版发行:清华大学出版社
    网 址:https://www.tup.com.cn, https://www.wqxuetang.com
    地 址:北京清华大学学研大厦A座 邮 编:100084
    社 总 机:010-83470000 邮 购:010-62786544
    投稿与读者服务:010-62776969, c-service@tup.tsinghua.edu.cn
    质 量 反 馈:010-62772015, zhiliang@tup.tsinghua.edu.cn
印 装 者:三河市天利华印刷装订有限公司
经 销:全国新华书店
开 本:185mm×260mm 印 张:12.5 字 数:278千字
版 次:2023年11月第1版 印 次:2023年11月第1次印刷
定 价:49.00元

产品编号:098209-01

前 言

2009年中国注册会计师考试大纲增加了战略管理、风险管理和内部控制三部分内容，这些内容成为一门考试课程"公司战略与风险管理"。战略管理、公司治理、风险管理、内部控制等职业知识是财经及工商管理类专业不可或缺的。许多大学的商学院通常将"公司战略与风险管理"作为一门最重要、最核心的专业必修课。

"战略管理"致力于培养企业管理者的战略思维、开发战略管理能力；随着现代经济的快速发展，公司面临的风险日益凸显，"风险管理"日趋重要。"公司战略与风险管理"是一门高度整合性的课程。

公司战略与风险管理深深地影响着公司的经营状况。简而言之，有懂得公司战略与风险管理的领导与员工的公司，才更容易取得成功。与此相反，若公司中没有懂得公司战略与风险管理的领导与员工，这样的公司就只能靠运气经营。

本书涵盖了战略管理和风险管理的全貌，又融入中外典型案例和全新实践，以贴近企业经营管理现实。本书展示了公司战略管理的全过程、公司治理的产生和主要问题、风险管理和内部控制的理论前沿和中国实践。

本书的主要特色概括如下。

每章都以"学习目标"作为纲领。学习目标列示于每章的开篇部分，这些目标指出了读者在学完每章后应掌握的知识要点。

每章都绘制了思维导图。读者根据思维导图可以快速了解每章的知识全貌和学习重点。

每章都有配套的复习思考题。通过复习思考题可以检验读者对每章重点内容的掌握情况。

注重案例教学。本书不仅有引导案例，还在章节中穿插了大量的案例讨论。丰富的案例教学体现了启发式教学设计，增加了学习的趣味性。

本书作为"公司战略与风险管理"的入门教材，适合开设相同或类似课程的所有专业本科生学习，同时也可供参加注册会计师公司战略与风险管理的考生和企业管理者参考。

云南民族大学管理学院资助了本书的出版，在此表示感谢！清华大学出版社对本书的出版给予了大力的支持与帮助，在此表示衷心的感谢！

在本书的写作过程中，编者查阅了大量的文献和资料，其中信息明确的作者已列于参考文献中，而信息不全的部分，因无法详细查证其出处，故未能列出。在此，对所有公司战略与风险管理研究领域的专家和学者致以最诚挚的谢意。

同时，由于作者水平有限，书中可能会有缺点、错误，在此也恳请专家和读者提出批评和意见。

陈丽贤
2023 年 7 月

目 录

第一章 战略与战略管理

第一节 战略的起源与概念 ………… 2
第二节 战略管理过程 ………… 4
复习思考题 ………… 7
即测即练 ………… 7

第二章 战略分析

第一节 外部环境分析 ………… 8
第二节 内部环境分析 ………… 22
第三节 SWOT 分析 ………… 30
复习思考题 ………… 31
即测即练 ………… 31

第三章 战略选择

第一节 总体战略（公司层战略）……… 33
第二节 发展战略的主要途径 ………… 39
第三节 业务单位战略 ………… 48
第四节 国际化战略 ………… 56
复习思考题 ………… 60
即测即练 ………… 60

第四章 战略实施

第一节 公司战略与组织结构 ………… 62
第二节 公司战略与企业文化 ………… 66
第三节 职能战略 ………… 69
第四节 平衡计分卡 ………… 78
复习思考题 ………… 80
即测即练 ………… 80

第五章 公司治理

第一节 公司治理概述 ………… 83
第二节 公司治理理论 ………… 86
第三节 公司治理的主要问题 ………… 88
第四节 公司内部治理结构和外部治理机制 ………… 94
第五节 公司治理的基础设施 ………… 100
复习思考题 ………… 106
即测即练 ………… 106

第六章　风险与风险管理

第一节　风险与风险管理概述 …………110	第五节　风险理财措施 ……………… 125
第二节　风险的分类 …………………… 111	第六节　风险管理的技术与方法 ……… 137
第三节　风险管理的基本流程 ………… 114	复习思考题 …………………………… 146
第四节　风险管理体系 ………………… 119	即测即练 ……………………………… 146

第七章　内部控制

第一节　内部控制的演进历程 ………… 149	第五节　企业内部控制审计 …………… 181
第二节　内部控制概述 ………………… 153	第六节　内部控制的局限性 …………… 185
第三节　《内部控制应用指引》 ……… 160	复习思考题 …………………………… 186
第四节　企业内部控制评价 …………… 178	即测即练 ……………………………… 186

参考文献 ……………………………… 187　　附录 …………………………………… 189

第一章
战略与战略管理

学习目标

1. 了解战略的起源；
2. 理解战略的传统概念和现代概念；
3. 掌握战略管理过程；
4. 领会公司的愿景、使命和目标。

知彼知己，胜乃不殆；知天知地，胜乃可全。

——《孙子兵法·地形篇》

影响企业生存和发展的因素很多，既有来自外部的因素，也有来自内部的因素，为了保证企业的长远发展，企业一方面需要通过外部环境分析看到面临的机会与威胁，另一方面需要通过内部环境分析认清自身的优势与劣势。

引导案例

波音与空客：商用飞机生产的全球霸权之争

波音是全球熟知的老牌飞机制造商，成立于1916年，早期主要制造军用飞机和邮政飞机。公司收入一半来自商用飞机，另一半来自军方合同和卫星发射。

空客成立于1970年，由法德为主的几家飞机制造商合并而成，欧盟为其提供补贴。2001—2005年空客因为关注中型客机市场赢得与波音公司的竞争，2006年波音又重新夺回霸权。

空客在20世纪90年代认为，未来主导民航的将是全球主要航空枢纽之间的飞行，因此，飞机越大越好。在这一理念之下，A380被设计为可以容纳600名左右乘客，拥有4个发动机，最大航程达到1.57万千米。波音则认为，随着航空出行人数越来越多，飞行更加便捷的点对点航班会迅速增加，未来的民航飞机不一定要求可以容纳更多乘客，但要求飞机在便捷性和经济性方面取得较好的平衡。

波音的对策是推出了双发、最大航程与A380相当的波音787，但最多乘坐人数只有335人。事实证明，空客对未来航空市场发展趋势出现了误判。即使从大型航空枢纽起飞，A380也还是显得太大，常常无法满座而不得不赔本飞行，而且这种机型对机场廊桥和跑道要求都很高。相比 A380 的 4 个发动机的维护保养，双发的波音 787 维护保养成本更低，更容易得到航空公司的青睐。A380 在 2021 年停产将意味着这场竞争以空客落败而告终。

问题：公司的竞争优势与公司战略有怎样的关系？

基本内容框架

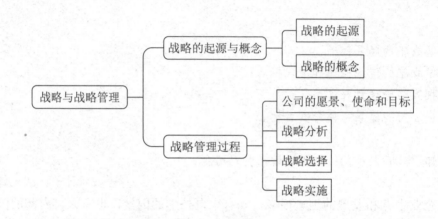

第一节　战略的起源与概念

我整天几乎没有几件事做，但有一件做不完的事，那就是规划未来。

——杰克·韦尔奇

企业战略就是企业的发展蓝图。没有战略的组织就好像没有舵的船，会在原地打转。对发展战略已不是"是否需要"重视，而是"如何重视"及"重视程度"的问题。

——彼得·德鲁克

一个企业没有发展战略，就是没有发展思路，没有思路也就没有出路。

——张瑞敏

是故胜兵先胜而后求胜，败兵先战而后求胜。

——《孙子兵法·形篇》

一、战略的起源

"战"指战争、战役，"略"常指筹划、谋略。"战略"一词起源于中国的兵法。"战略"是指对战争、战役的总体筹划与部署。战略开始是军事方面的概念，是指将帅的智谋和对军事力量的运用，解决在一定时期内战争攻击的主要方向、兵力的总体部署和所要达到的基本目标。

早在春秋末期，中国著名的军事学家孙武根据战争经验创作了《孙子兵法》。《孙子兵法》是我国现存最早的一部兵书，它从政治、军事、人才等多个方面深刻阐述了战争规律及战略哲学，被国外学者奉为指导军事、政治及商业方面的有关兵法的经典著作，其所蕴含的丰富的战略思想与哲理直到今天仍具有生命力和非常重要的指导意义。

二、战略的概念

（一）战略的传统概念（20世纪60、70年代）

美国哈佛大学教授波特（Porter M.）："……战略是公司为之奋斗的一些终点与公司为达到它们而寻求的途径的结合物。"这个概念强调公司战略的计划性、全局性和长期性。

彼得·德鲁克（Peter F. Drucker）认为，战略就是决定组织将要干什么以及如何干的问题。

阿尔弗雷德·钱德勒（Chandler A. D）认为，战略是决定企业的长期目标，以及为实现这些目标采取的行动和对资源的分配。

大前研一认为，战略是一种方式，通过该方式，一个公司在运用自己的实力来更好地满足顾客需要的同时，将尽力使自身区别于竞争者。

（二）战略的现代概念

公司大部分战略是事先的计划和突发应变的组合。

1998年汤姆森（Tomson S.）指出，战略既是预先性的（预谋战略），又是反应性的（适应性战略）。

20世纪80年代以来，公司外部环境变化速度加快，公司战略的任务包括制订一个策略计划，即预谋战略，然后随着事情的进展不断对它进行调整。公司战略是随着内外环境的变化不断规划和再规划的结果。

预谋战略案例

高德"做好一张地图"

出身于湖北省荆门市一个贫穷小山村的成从武从小就有着读书改变命运的梦想，最终通过不懈努力，一跃"龙门"考入北京工商大学，成为山沟里飞出的火凤凰。毕业后他在1994年与朋友下海创业，在利用美国开放的GPS数据进行实验测试的时候，受到了日本汽车GPS导航的启发，加上当时国内汽车行业的发展正处于上升期，这让成从武看到了市场前景并萌生了做汽车导航业务的念头。

2002年7月，高德软件有限公司正式宣布成立。十几年来，高德地图始终坚持初心不变，在"更精准、更真实、更智能"的地图数据的目标驱动下，现在已发展成为我国领先的数字地图内容、导航和位置服务解决方案提供商。其中，海量精准的电子地图底层数据是高德开展各项业务的基石和核心竞争力。

"做好一张地图"，是高德自 2002 年成立以来的初心。高德实时交通路况覆盖国内几乎所有地级城市，且能达到定位数据的秒级智能处理，实时路况信息全国范围内的分钟级更新，为用户提供更准确的智慧通服务。高德数字交通能力已覆盖全国 31 个省（直辖市、自治区）、香港及澳门特别行政区，可以对交通需求特征进行分析。

高德地图在 2022 年中国品牌风尚品牌影响力指数排第 31 位。高德地图战略有转变，但完成了初心，也即事先计划的战略的成功。

资源来源：王家宝，刘国庆，周阳. 生活服务数字化：高德的品牌升级之路 [J]. 清华管理评论，2022（4）：99-106.

适应性战略案例

强生爽身粉

原本只是消毒纱布和医用橡皮膏的供应商，完全没有终端业务，只是在回应因其医用橡皮膏引起发炎的投诉中，强生在销售的每包医用橡皮膏中附带了一小包爽身粉。但不久，强生发现，客户要求单独购买爽身粉的需求快速上升，这种非计划的外因导致了后来的爽身粉业务。

第二节　战略管理过程

公司的战略管理过程如图 1-1 所示。

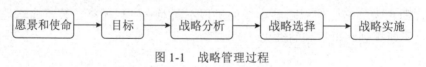

图 1-1　战略管理过程

一、公司的愿景、使命和目标

1. 公司的愿景

根据《牛津字典》的解释，愿景是"人们所梦想的、超现实的、如梦幻般的未来影像"。企业愿景是企业未来的一幅前进蓝图，是企业前进的方向、意欲占领的业务位置和计划发展的能力，它具有塑造战略框架、指导管理决策的作用。

2. 公司的使命

公司的使命阐明企业组织的根本性质与存在理由。一般包括以下三个方面。

（1）公司目的。公司目的是为所有者带来经济价值。

（2）公司宗旨。经营公司宗旨为阐述公司长期的战略意向，其具体内容主要说明公司目前和未来所从事的经营业务范围，反映企业的定位。

（3）经营哲学。经营哲学是指企业全部生产经营活动的指导思想，即为企业生产经营活动所确定的价值观、信念和行为准则。

表 1-1、表 1-2 分别反映了几个知名企业的经营哲学及愿景和使命。

表 1-1　知名企业的经营哲学

英特尔	客户至上、纪律严格、质量为本、冒险精神、良好的工作环境和注重结果
京东	诚信、客户为先、激情、学习、团队精神、追求超越

表 1-2　知名企业的愿景和使命

华为	愿景：丰富人们的沟通和生活 使命：聚集客户关注的挑战和压力，提供有竞争力的通信解决方案和服务，持续为客户创造最大价值
福特汽车	愿景：成为世界领先的汽车和服务消费品企业 使命：我们是一个拥有美好声誉的全球大家庭，致力于向全球提供个人出行工具。我们走在消费者需要的前面，以提供有助于改善人们生活的卓著产品和服务

3. 公司的目标

公司目标是公司使命的具体化。公司目标是一个体系，需要建立两种类型的业绩标准：和财务业绩有关的标准以及和战略业绩有关的标准。

彼得·德鲁克在《管理的实践》中提出了目标管理的 SMART 特点，主要包含以下五个方面。

（1）S（specific），即明确性。目标要清晰明确，让人能准确理解，能明白要做什么和要做到什么程度。

（2）M（measurable），即可衡量性。目标必须是可以衡量的，可以量化或者质化。

（3）A（attainable），即可实现性。目标必须是可以完成的，目标要根据企业具体的资源、能力制定且要被执行人接受。

（4）R（relevant），即相关性。战略目标必须和其他目标具有相关性。比如企业的长、中、短期目标都相关，相互之间无冲突，才是有意义的目标。

（5）T（time-based），即时限性。目标必须具有明确的截止期限。

二、战略分析

战略分析的主要目的是评价影响企业目前和今后发展的关键因素，并确定在战略选择步骤中的具体影响因素。战略分析需要考虑许多方面的问题，主要是外部环境分析和内部环境分析。战略的结构层次如图 1-2 所示。

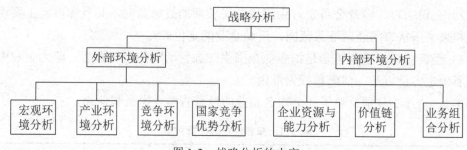

图 1-2　战略分析的内容

三、战略选择

公司战略的层次：

一般将战略分为三个层次：总体战略、业务单位战略或竞争战略和职能战略，如图 1-3 所示。

1. 总体战略

总体战略又称公司层战略。总体战略是企业最高层次的战略。它需要根据企业的目标，选择企业可以竞争的经营领域，合理配置企业经营所必需的资源，使各项经营业务相互支持、相互协调，即选择业务、资源配置和战略控制。

2. 业务单位战略

业务单位战略又称一般战略、竞争战略。业务单位战略要针对不断变化的外部环境，在各自的经营领域中有效竞争。对于一家单业务公司来说，总体战略和业务单位战略只有一个，即合二为一。

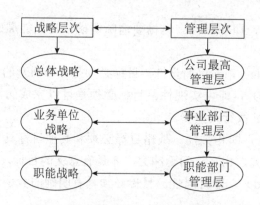

图 1-3　战略的结构层次

3. 职能战略

职能层战略是按照公司层战略或业务层战略对职能活动发展方向进行的策划和对职能活动进行管理的计划。相对于公司层战略和业务层战略而言，职能层战略的内容要详细、具体得多，其作用在于使业务层战略或公司层战略的任务得以通过各职能的活动而具体落实，并实现与某特定业务有关的职能之间的协调。

四、战略实施

战略实施要解决以下五个主要问题。
(1) 为使战略成功,企业需要有一个有效的组织结构。
(2) 人员和制度的管理颇为重要。
(3) 公司治理扮演着重要角色。
(4) 战略实施涉及选择适当的组织协调和控制系统。
(5) 要保证战略实施成功,必须要协调好企业战略、结构、文化和控制诸方面。
战略管理是一个循环过程,而不是一次性工作。

复习思考题

1. 为什么要学习战略管理?
2. 什么是战略?
3. 解释战略管理过程。
4. 什么是竞争优势?
5. 简述使命与目标,并讨论其价值。
6. 战略制定和战略实施的关系是什么?

即 测 即 练

第二章 战略分析

学习目标

1. 掌握宏观及产业环境分析的主要内容;
2. 熟悉竞争对手分析和国家竞争优势分析;
3. 理解企业的资源、能力以及核心竞争力;
4. 熟悉价值链分析;
5. 能够运用波士顿矩阵进行业务组合分析;
6. 了解 SWOT 分析。

基本内容框架

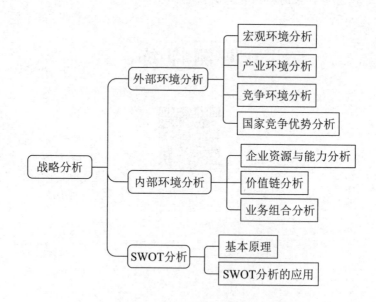

第一节 外部环境分析

外部环境(见图 2-1)对企业而言,是客观存在于企业外部的不可控的各种因素,通常企业很难去改变。竞争环境中存在的机会与威胁是决定企业战略的一个关键性因素。如果一个企业能够清晰地认识到这些威胁和机会，找到一个合适战略的可能性就更大了。企业外部环境分析可以识别关键环境力量及其对企业的影响，预测其发展方向，识别企业将要面临的机会和威胁。

仅仅认识到企业竞争环境中的机会和威胁的重要性是不够的，我们还需一组工具，一组能帮助管理者系统地、高效地完成外部分析的工具。这组工具必须建立在强理论基础之上。企业的外部环境分析可以从宏观环境、产业环境、竞争环境和国家竞争优势几个层面展开。

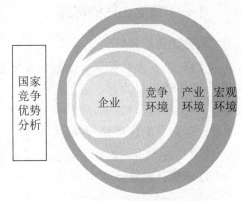

图 2-1　外部环境分析的内容

一、宏观环境分析

任何对企业机会和威胁的分析都必须从了解企业所处的一般环境开始。一般环境包括能对企业的战略选择施加影响的种种情景性因素。这些环境的绝大部分因素是难以左右的，是必须去适应的因素，必须对其有清楚的认识。

宏观环境因素（见图 2-2）可以概括为四类：政治和法律因素（political）、经济环境因素（economical）、社会和文化因素（social）、技术因素（technological）。

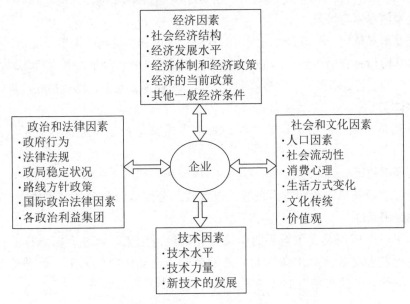

图 2-2　宏观环境分析

（一）政治和法律环境

1. 政治环境分析

（1）所在地区和国家的政局稳定状况。

（2）政府行为对企业的影响。

（3）政府所持的态度和推行的基本政策（产业政策、税收政策、进出口限制等），以及这些政策的连续性和稳定性。

（4）各政治利益集团对企业活动产生的影响。

2. 法律环境分析

政府主要是通过制定法律法规来间接影响企业的活动。法律法规的存在有以下四大目的：

（1）保护企业。

（2）保护消费者。

（3）保护员工。

（4）保护公众权益免受不合理企业行为的损害。

（二）经济环境

1. 社会经济结构

社会经济结构，是指国民经济中不同的经济成分、不同的产业部门及社会再生产各方面在组成国民经济整体时相互的适应性、量的比例及排列关联的状况。一般包括五个方面：产业结构、分配结构、交换结构、消费结构和技术结构。

2. 经济发展水平与状况

经济发展水平是指一个国家经济发展的规模、速度和所达到的水平。反映一个国家经济发展水平的常用指标有国内生产总值（GDP）、人均 GDP 和经济增长速度等。其他经济因素包括税收水平、通货膨胀率、贸易差额和汇率、失业率、利率、信贷投放及政府补助等。

3. 经济体制

经济体制是指国家经济组织的形式，规定了国家与企业、企业与企业、企业与各经济部门之间的关系。

4. 宏观经济政策

宏观经济政策是指财政和货币政策，以及收入分配政策和对外经济政策。

5. 其他经济条件

工资水平、供应商及竞争对手的价格变化等经济因素，可能会影响行业内竞争的激烈程度，也可能会延长产品生命周期、鼓励企业用自动化取代人工、促进外商投资或引入本土投资、使强劲的市场变弱或使安全的市场变得具有风险等。

（三）社会和文化环境

1. 人口因素

人口因素包括企业所在地居民的地理分布及密度、年龄、教育水平、国籍等。企业通常会利用人口统计数据来进行客户定位,并用于研究应如何开发产品。

对人口因素的分析可以使用以下一些变量:结婚率、离婚率、出生率和死亡率、人口的平均寿命、人口的年龄和地区分布、人口在民族和性别上的比例、地区人口在教育水平和生活方式上的差异等。

2. 社会流动性

社会流动性主要涉及社会的分层情况、各阶层之间的差异以及人们是否可在各阶层之间转换、人口内部各群体的规模、财富及其构成的变化以及不同区域(城市、郊区及农村地区)的人口分布等。

3. 消费心理

消费心理对企业战略会产生影响。例如,一部分顾客的消费心理是追求新鲜感。

4. 生活方式变化

随着社会经济发展和对外交流程度的不断增强,人们的生活方式也会发生变化。健康意识的觉醒,使人们加强了对纯天然、无污染、绿色食品的青睐。

5. 文化传统

文化传统是一个国家或地区在较长历史时期内形成的一种社会习惯,它是影响经济活动的一个重要因素。例如,中国的春节、西方的圣诞节就为某些行业带来商机。文化差异可能给企业带来良好的机会,给企业带来的诸多机遇。

6. 价值观

价值观,是指社会公众评价各种行为的观念和标准。西方国家崇尚个人英雄主义,而日本的企业则注重内部关系的融洽。

历史上周边国家为中国所吸引,很大程度上是中国作为"礼仪之邦"所具有的文化吸引力。在我国,古代就有关于量入为出思想的论述,强调勤俭节约、收支平衡。党的十八大提出二十四字社会主义核心价值观,是社会主义核心价值体系的高度凝练和集中表达。

(四)技术环境

技术环境对企业的影响可能是创造性的,也可能是破坏性的,企业要预见新技术带来的变化,并在战略管理上做出相应的决策,以获得新的竞争优势。近年来,数字技术和生物技术取得了快速发展。现在日常生活中使用的许多电子产品或服务在十年前根本不存在。生物技术在近年也取得了快速发展。新药物不断被研制出来,生物技术的发展为人类采用全新的疾病预防和治疗手段提供了可能。

技术是双刃剑,技术环境对战略所产生的影响包括:

(1)技术的进步使企业能对市场及客户进行更有效的分析。

(2)新技术的出现使社会对本行业产品和服务的需求增加,从而使企业可以扩大经营范围或开辟新的市场。

(3)技术进步可创造竞争优势。

(4)技术进步可导致现有产品被淘汰,或大大缩短产品的生命周期。例如,手机取代传呼机、电脑取代打字机、计算机取代算盘。

（5）新技术的发展使企业可更多关注环境保护、企业的社会责任及可持续成长等问题。

PEST分析案例 ▶▶

吉利汽车宏观环境（PEST）分析

1. 政治环境分析

2017年国务院印发《汽车产业中长期发展规划》，确定新能源汽车和智联网汽车为我国汽车行业新的发展方向。这对于吉利汽车集团来说是一个很好的机会。"一带一路"倡仪也为我国自主汽车品牌走向国外提供了机会。

2. 经济环境分析

我国提出了高质量发展的新要求，进入了发展的新常态。经过多年发展，中国的中等收入人群已经是世界上规模最大的中等收入人群；而这么大的中等收入规模必将提升居民的购买力，扩大居民的消费规模，从而对我国汽车行业的发展带来影响。

3. 社会环境分析

（1）人口规模。中国庞大的人口规模和不断提高的城镇化对汽车行业的发展有不可忽略的影响。城市人口的不断增加将导致对汽车的需求量不断增加。

（2）文化传统及生活方式。车子和房子成为当下年轻人结婚不可或缺的条件，这种现象也刺激了我国对汽车的消费需求。随着"二孩"的全面放开、自驾游的流行以及全家一起外出用车的需求不断增加，设计并生产更适合家庭出行的用车，满足更多需求，提供多样选择应成为吉利汽车的发展方向。

（3）交通基础设施。近年来，我国公路里程不断增加，对于开车出行的人们来说也更加方便，纵横东西以及南北的公路线也不断建成，对外出旅游的人们也提供了更多的便利，交通基础设施的不断完善致使人们更愿意开车出行，同时也为我国汽车行业的发展奠定了基础。

（4）自然环境。汽车行业飞速发展的同时也给我们的自然环境带来了很大的压力，包括环境污染、能源安全以及交通堵塞等问题。这些问题对我国汽车产业的发展提出了更高的要求，要求汽车厂商生产更节能、更环保、更高效的汽车。吉利汽车需要积极研发新能源汽车来减轻当前的环境压力，应对当前大环境的需求。

4. 技术环境分析

随着以互联网为代表的新一轮技术革命的掀起，传统制造业受到了强烈的冲击。吉利汽车需要在技术方面加大投入，同时引进更多高端技术型人才，加快吉利汽车在新能源汽车方面的发展。

资料来源：罗欣，王婉婉. PEST分析在企业中的应用——以吉利汽车为例 [J]. 中国商论，2020：248-249.

二、产业环境分析

（一）产业

波特采用了一种关于产业的常用定义：“一个产业是由一群生产相似替代品的公司组成的。”

（二）产品生命周期

产业要经过 4 个阶段：导入期、成长期、成熟期和衰退期。这些阶段是以产业销售额增长率曲线的拐点划分的。

1. 导入期

导入期的产品用户很少，产品虽然设计新颖，但质量有待提高，尤其是可靠性。由于产品刚刚出现，产品类型、特点、性能和目标市场尚在不断发展变化当中。

导入期只有很少的竞争对手，但导入期的产品销量小、生产成本高，为了说服客户购买，营销成本高。

导入期的经营风险非常高。研制的产品能否成功、研制成功的产品能否被顾客接受、被顾客接受的产品能否达到规模经济、企业能否取得满意的市场份额等，都存在很大的不确定性。

2. 成长期

成长期的标志是产品销量节节攀升。各企业的产品在技术和性能方面有较大差异。广告费用较高，生产能力不足，需要向大批量生产转换。

企业的战略目标是争取最大市场份额，并坚持到成熟期的到来。成长期的经营风险有所下降。

3. 成熟期

成熟期开始的标志是竞争者之间出现挑衅性的价格竞争。成熟期市场虽然巨大，但是已经基本饱和。产品逐步标准化，差异不明显。生产稳定，局部生产能力过剩。产品价格开始下降，毛利率和净利润率都下降。

由于整个产业销售额达到前所未有的规模，并且比较稳定，任何竞争者想要扩大市场份额，都会遇到对手的顽强抵抗，并引发价格竞争。既然扩大市场份额已经变得很困难，经营战略的重点就会转向在巩固市场份额的同时提高投资报酬率。成熟期的主要战略路径是提高效率，降低成本。

4. 衰退期

各企业的产品差别小。产能严重过剩，有些竞争者退出市场。产品的价格、毛利都很低。企业在衰退期的经营战略目标首先是防御，获取最后的现金流。

（三）产业五种竞争力

波特在《竞争战略》一书中，从产业组织理论的角度，提出了产业结构分析的基本框架。

波特认为，在每一个产业中都存在五种基本竞争力量，即潜在进入者、替代品、购买者、供应者与现有竞争者间的抗衡，如图 2-3 所示。在一个产业中，这五种力量共同决定产业竞争的强度及产业利润率，最强的一种或几种力量占据着统治地位并且从战略形成角度来看起着关键性作用。

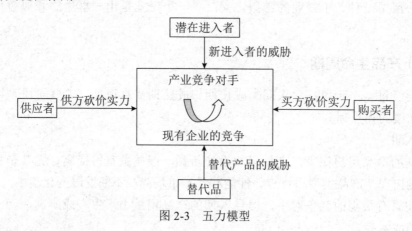

图 2-3　五力模型

1. 五种竞争力分析

（1）新进入者的威胁。

利润是对投资者的一个信号，并能够导致潜在进入者的进入。对一个产业来说，进入威胁的大小取决于结构性障碍和行为性障碍。

①结构性障碍。波特指出存在 7 种主要障碍：规模经济、产品差异、资金需求、转换成本、分销渠道、其他优势及政府政策。如果按照贝恩（Bain J.）的分类，这 7 种主要障碍又可归纳为 3 种主要进入障碍：规模经济、现有企业对关键资源的控制及现有企业的市场优势。

规模经济。规模经济是指在一定时期内，企业所生产的产品或劳务的绝对量增加时，其单位成本趋于下降。取得规模经济的企业对于新进入者就有成本优势，从而构成进入障碍。

现有企业对关键资源的控制。一般表现为对资金、专利或专有技术、原材料供应、分销渠道、学习曲线等资源及资源使用方法的积累与控制。

现有企业的市场优势主要表现在品牌优势上。这是产品差异化的结果。现有企业的优势还表现在政府政策上。政府的政策、法规和法令都会在某些产业中限制新的加入者或者清除一些不合格者，这就为企业造成了强有力的进入障碍。

②行为性障碍

行为性障碍是指现有企业对进入者实施报复手段所形成的进入障碍。报复手段主要有限制进入定价和进入对方领域两类。

在位企业试图通过实施低价来告诉进入者自己是低成本的，进入将是无利可图的。

进入对方领域是寡头垄断市场上常见的一种报复行为，其目的在于抵消进入者首先采取行动可能带来的优势，避免对方的行动给自己带来的风险。

（2）替代品的威胁

产品替代有两类：①直接产品替代，即某一种产品直接取代另一种产品。②间接产品替代，即由能起到相同作用的产品非直接地取代另外一些产品。如人工合成纤维取代天然布料。波特在这里所提及的对某一产业而言的替代品的威胁，是指间接替代品。直接替代品与间接替代品界限并不一定十分清晰，是相对的概念。

替代品往往是新技术与社会新需求的产物，替代品严重威胁现有产业。

新产品能否替代老产品，主要取决于两种产品的性价比的比较。

价值工程中的一个基本公式：价值＝功能/成本。

老产品提高产品价值的主要途径是降低成本与价格。

（3）供应者、购买者讨价还价的能力

5种竞争力模型的水平方向是对产业价值链的描述。购买者和供应者讨价还价的能力大小，取决于它们各自以下几个方面的实力。

①买方（或卖方）的集中程度或业务量的大小。当购买者的购买力集中，或者对卖方来说交易量很可观时，该购买者讨价还价的能力就会增加。

②产品差异化程度与资产专用性程度。当供应者的产品存在差异，因而替代品不能与供应者所销售的产品相竞争时，供应者讨价还价的能力就会增强。

③纵向一体化程度。如果购买者实行了一部分一体化或存在后向一体化的现实威胁，在讨价还价中就处于能迫使对方让步的有利地位。

④信息掌握的程度。供应商或购买商哪方掌握的信息更全面，哪方就能增加讨价还价的能力。

（4）产业内现有企业的竞争

产业内现有企业的竞争通常是以价格竞争、广告战、产品引进以及增加对消费者的服务等方式表现出来。

产业内现有企业的竞争在以下几种情况下可能是很激烈的。

①产业内有众多的或势均力敌的竞争对手。

②产业发展缓慢。

③顾客认为所有的商品都是同质的。

④产业中存在过剩的生产能力。

⑤产业进入障碍低而退出障碍高。

2. 对付五种竞争力的战略

五种竞争力分析表明了产业中的所有公司都必须面对产业利润的威胁力量。公司必须寻求几种战略来对抗这些竞争力量。

首先，公司必须自我定位。通过成本领先或者差异化把公司与五种竞争力相隔离。

其次，公司必须识别在产业的哪一个细分市场中，五种竞争力的影响更少一点，即波特提出的"集中战略"。

最后，公司必须努力去改变这五种竞争力。可以通过建立战略联盟来达到双赢。

3. 五力模型的局限性

（1）该分析模型基本上是静态的。

（2）该模型能够确定行业的盈利能力，但是对于非营利机构，有关获利能力的假设可能是错误的。

（3）该模型基于这样的假设：一旦进行了这种分析，企业就可以制定企业战略来处理分析结果，但这只是一种理想的方式。

（4）该模型假设战略制定者可以了解整个行业（包括所有潜在的进入者和替代产品）的信息，但这一假设在现实中并不存在。

（5）该模型低估了企业与供应商、客户或分销商、合资企业之间可能建立长期合作关系以减轻相互之间威胁的可能性。

（6）对产业竞争力的构成要素考虑的不够全面。

哈佛商学院教授大卫·亚非（Yoffie David）提出了第六个要素，即互动互补作用力。

亚非认为，任何一个产业内部都存在不同程度的互补互动（指互相配合一起使用）的产品或服务业务。例如，对于房地产业来说，交通、家具、电器、学校、汽车、物业管理、银行贷款、有关保险、社区、家庭服务等会对住房建设产生影响，进而影响到整个房地产业的结构。

企业应识别具有战略意义的互补互动品，并采取适当的战略（包括控制互补品、捆绑式经营或交叉补贴销售）来使企业获得重要的竞争优势。

（四）成功关键因素（KSF）分析

成功关键因素（KSF）是指公司在特定市场获得盈利必须拥有的技能和资产。成功关键因素所涉及的是那些每个产业成员所必须擅长的东西，或者说公司要取得竞争和财务成功所必须集中精力搞好的一些因素。

成功关键因素随着产业不同而不同，甚至在相同的产业中，也会因为产业驱动因素和竞争环境的变化而随时间变化。对特定产业，特定时候，极少有超过三四个KSF。甚至在这三四个KSF之中，其中也只有一两个占据较重要的地位。

即使是处于同一产业的各个企业，也可能对该产业的成功关键因素有不同的侧重。例如，在零售业中，沃尔玛和家乐福的成功关键因素各有侧重。沃尔玛侧重于物流体系和管理信息系统，而家乐福侧重于鲜明的市场布局以及综合性的市场布局。

成功关键因素是产业和市场层次的特征。

三、竞争环境分析

（一）竞争对手分析

竞争环境分析的重点集中在与企业直接竞争的每一个企业。竞争环境分析又包括两个方面：一是从个别企业视角去观察分析竞争对手的实力；二是从产业竞争结构视角分析企业所面对的竞争格局。

对竞争对手的分析有四个方面的主要内容,即竞争对手的未来目标、假设、现行战略和能力(见图2-4)。企业往往对左半边的问题关注甚少,这些驱动因素更难以通过观察把握。然而,这些要素通常决定着竞争者在未来如何行动。

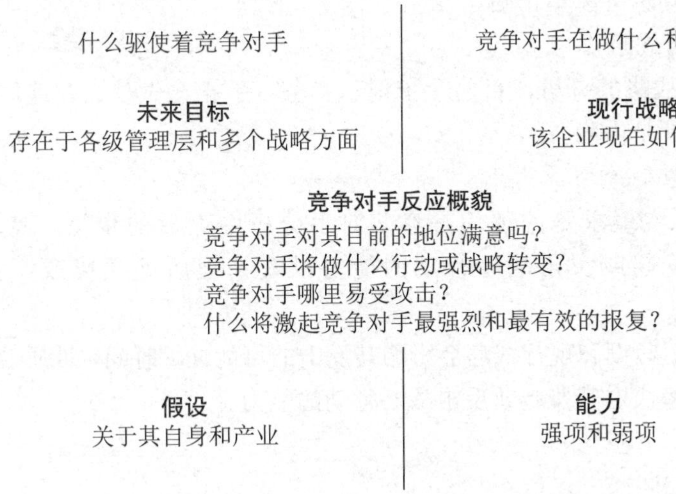

什么驱使着竞争对手 | 竞争对手在做什么和能做什么

未来目标
存在于各级管理层和多个战略方面

现行战略
该企业现在如何竞争

竞争对手反应概貌
竞争对手对其目前的地位满意吗?
竞争对手将做什么行动或战略转变?
竞争对手哪里易受攻击?
什么将激起竞争对手最强烈和最有效的报复?

假设
关于其自身和产业

能力
强项和弱项

图2-4 竞争者分析的诸要素

1. 竞争对手的未来目标

对竞争对手未来目标的分析与了解,有利于预测竞争对手对其目前的市场地位及财务状况的满意程度,从而推断其改变现行战略的可能性及对其他企业战略行为的敏感性。通过分析竞争者的目标,能够理解竞争者挑起事端的严重程度。

制定战略的一种方法是在市场中找到既能达到目的又不威胁竞争对手的位置。竞争对手的目标分析非常重要,因为这能帮助公司避免那些可能威胁到竞争对手达到其主要目标从而引发激烈竞争的战略行动。例如,竞争对手分析中如果能将竞争对手的母公司正努力建立的业务与其准备收缩的业务区别出来,这时只要不威胁到母公司的现金流,占领其准备收缩的阵地通常有很大的可能性。

人们考虑最多的是财务目标,不过,要对竞争者目标进行系统的分析,通常还应该包括更偏向质量的那些因素,例如以市场领先地位表示的目标、技术优势、社会成就等。在分析竞争者的目标时,还要考虑不同的管理层级。根据管理层级的不同,竞争者有公司级目标、业务单位目标。

2. 竞争对手的假设

竞争者分析的第二个要素是,辨识每个竞争者的假设。任何一个企业的运营都建立在一整套的假设之上。假设往往是企业各种行为取向的最根本动因。所以了解竞争对手的假设有利于正确判断竞争对手的战略意图。这些假设主导着企业的行为模式,也主导着它对外部事件的反应模式。这些假设可以分为两类:竞争对手对自身所做的假设;竞争者对所处产业以及产业中的其他企业的假设。

竞争者关于自身的假设可能正误参半。如果假设有误,其他企业将有可乘之机。例如,如果竞争者相信，客户对本企业的忠诚牢不可破，然而事实并非如此，那么针对该竞争者主动降价，将是夺取优势的"必杀技"。因为竞争者对降价行为不屑一顾，等到它发现事实与假设不符，已丢城失地。

正如竞争对手对它自己持一定假设一样，每个公司对产业及其竞争对手也持一定假设。同样，这可能正确也可能不正确。

3. 竞争对手的现行战略

对竞争对手现行战略的分析，目的在于揭示竞争对手正在做什么、能够做什么。竞争者的战略不是外显就是内隐。

4. 竞争对手的能力

对竞争对手能力实事求是的评估是竞争对手分析中最后的步骤。竞争对手的优势与劣势将决定其发起或反击战略行动的能力以及处理所处环境或产业中事件的能力。

竞争对手的目标、假设和现行战略会影响其反击的可能性、时间、性质及强烈程度。竞争对手优势与劣势将决定其发起或反击战略行动的能力。

竞争对手分析案例 ▶▶

雅马哈不自量力终失败

20世纪70年代，日本摩托车行业"四国鼎立"：本田、雅马哈、铃木、川崎。1981年市场份额本田占38%，雅马哈占37%。

雅马哈向本田发起攻势，宣称要投资建厂，生产能力将超过本田。本田发起价格战，所有产品降价1/3，结果当时在日本摩托车比自行车便宜，同时本田推出产品多样化。

雅马哈缺乏资金，无力研发新产品，有大量库存，丢掉了摩托车行业的第二把交椅。

问题：从竞争对手分析的角度看雅马哈为什么失败？

（二）产业内的战略群组

产业分析将一个产业作为一个整体，产业结构分析法还能进行更深入的分析。在同一产业中，诸多企业在诸多战略维度采取不同的竞争战略，获取了不同的市场份额。

竞争环境分析的另一个重要方面是要确定产业内所有主要竞争对手的战略诸方面的特征。波特用"战略群组"的划分来研究这些特征。

一个战略群组是指一个产业中在某一战略方面采用相同或相似战略，或具有相同战略特征的各公司组成的集团。如果产业中所有的公司基本认同了相同的战略，则该产业就只有一个战略群组；就另一极端而言，每一个公司也可能称为一个不同的战略群体。一般来说，在一个产业中仅有几个战略群组，它们采用特征完全不同的战略。

1. 战略群组的特征

可以考虑的用于识别战略群组特征的变量有：专业化程度、品牌知名度、渠道选择、产品质量、技术领先程度、垂直一体化程度、成本优势、服务、定价策略、杠杆等。为了识别战略群组，必须选择这些特征的2～3项，并且将该产业的每个公司在"战略群组分析图"上标出来。

选择划分产业内战略群组的特征要避免选择同一产业中所有公司都相同的特征。

2. 战略群组分析的意义

战略群组（见图2-5）分析有助于企业了解相对于其他企业本企业的战略地位以及公司战略变化可能的竞争性影响。

（1）有助于很好地了解战略群组间的竞争状况，主动地发现近处和远处的竞争者，也可以很好地了解某一群体与其他群组间的不同。

（2）有助于了解各战略群组之间的"移动障碍"。

（3）有助于了解战略群组内企业竞争的主要着眼点。

（4）利用战略群组图还可以预测市场变化或发现战略机会。

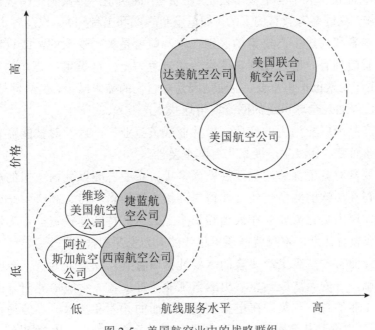

图2-5 美国航空业中的战略群组

四、国家竞争优势（钻石模型）分析

迈克尔·波特认为，国家是企业最基本的竞争优势，因为它能创造并保持企业的竞争条件。国家不但影响企业所做的战略，也是创造并延续生产与技术发展的核心。

1990年波特在《国家竞争优势》一书中，试图对能够加强国家在产业中的竞争优势的国家特征进行分析。他识别出了国家竞争优势的4个决定因素，并以钻石图来显示（见图2-6）。波特与同事对遍布10个国家的100个行业进行研究后认为，产业的竞争力取决于4个因素。

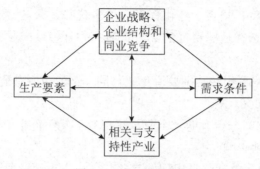

图 2-6　钻石模型分析

（一）生产要素

波特将生产要素划分为初级生产要素和高级生产要素，初级生产要素是指天然资源、气候、地理位置、非技术人工与半技术人工、融资等；高级生产要素则是指现代通信、信息、交通等基础设施、受过高等教育的人力（如电脑科学家和工程师），以及各大学研究所等。

初级生产要素和高级生产要素的区别在于，前者是被动继承的，或只需要简单的私人及社会投资就能拥有。但是在国家或企业的竞争力上，这类生产要素的重要性已经越来越低。初级生产要素已不再重要，主要是因为对它们的需求减少，供给量却相对地增加，而且跨国企业已能通过全球市场的网络取得这些生产要素。

在以天然产品或农业为主的产业（像林业或黄豆业），以及对技能需求不高或技术已经普及的产业而言，初级生产要素仍有其重要性。

高级生产要素对竞争优势的重要性就高多了。企业若要以独树一帜的产品或独特的生产技术等换得高层次的竞争优势，非得借高级生产要素不可。高级生产要素不如初级生产要素普遍，原因是它需要先在人力和资本上大量而持续地投资。作为培养高级生产要素的研究所或教育计划，本身就需要更精致的人力资源和技术。

对许多产业而言，高级生产要素的重要性毋庸置疑。以丹麦为例，若不是有精密的发酵科技为基础，丹麦无法成功发展出酵素工业。丹麦各大学所培养出来的家具设计师更是该国家具工业的骨干。美国在电脑软硬件方面的人才和技术，不但使得它在电脑业上"称雄"，同时也提升其金融服务业和电子医疗产业的竞争力。从20世纪50年代开始，日本对产业界投下比同期其他国家更多的工程师人才，他们对日本产业竞争力的重要意义绝非当时低薪的日本人工所能相比。

但必须注意的是，高级生产要素仍必须有初级生产要素作为基础。例如，国家要培养博士级的生物学家，先决条件是发展大学相关领域的系科和研究生院，这也意味着初级生产要素虽然缺乏持久力，但是它的数量与素质却是创造高级生产要素所不能缺少的基础。

生产要素的第二种分类方式是根据它们的专业程度。一般性生产要素（generalized factor）包括：公路系统、融资、受过大学教育而且上进心强的员工，它们可以被用在任何一种产业上。而专业型生产要素（specialized factor）则限制在技术型人力、先进的基础设施、专业知识领域及其他定义更明确且针对单一产业的因素。专门研究光学的研究机构、石化业专用码头、汽车模型设计群，或是凭借风险资本而创业的软件公司等都属专业性生产要素。越是精致的产业越需要专业生产要素，而拥有专业生产要素的企业也会产生更加精致的竞争优势。

一个国家如果想通过生产要素建立起强大而又持久的优势，就必须发展高级生产要素和专业生产要素。

波特同时指出，在实际竞争中，丰富的资源或廉价的成本因素往往造成没有效率的资源配置；另外，人工短缺、资源不足、地理气候条件恶劣等不利因素，反而会形成一股刺激产业创新的压力，促进企业竞争优势的持久升级。一个国家的竞争优势可以从不利的生产要素中形成。

一般认为，资源丰富和劳动力便宜的国家应该发展劳动力密集的产业，但是这类产业对大幅度提高国民收入不会有大的突破，同时仅仅依赖初级生产要素是无法获得全球竞争力的。

（二）需求条件

国内需求市场是产业发展的动力。产商对国内需求的注意力是最敏感的，所需的成本也最低，文化和地缘的一致性又使沟通成本最低。

波特指出，本地客户的本质非常重要，特别是内行而挑剔的客户。假如本地客户对产品、服务的要求或挑剔程度在国际上数一数二，就会激发出该国企业的竞争优势。如日本消费者在汽车选购上的挑剔是全球出名的，欧洲严格的环保要求也使许多欧洲公司的汽车环保性能、节能性全球一流。美国人大大咧咧的消费作风惯坏了汽车工业，致使美国汽车工业在石油危机的打击面前久久缓不过神来。英国人以园艺出名，他们的园艺器材业则是世界一流；意大利讲究服装、食品和跑车，其相关产业也驰名国际。

另一个重要方面是预期性需求。如果本地的顾客需求领先于其他国家，这也可以成为本地企业的一种优势，因为先进的产品需要前卫的需求来支持。德国高速公路没有限速，当地汽车工业就非常卖力地满足驾驶人对高速的狂热追求，而超过200千米乃至300千米的时速在其他国家毫无意义。美国人对便利的需求因为符合全球各地的趋势，造成美国的快餐、家庭用品和其他产业在国际上的成功。美国人对信用的重视，又形成美国运通卡（American Express）、维萨卡（Visa Card）万事达卡（Master Card）和大来卡（Diner Club）等信用卡公司、读卡的信息技术产业横扫全球。有时国家政策会影响预期性需求，如汽车的环保和安全法规、节能法规、税费政策等。

（三）相关与支持性产业

对形成国家竞争优势而言，相关和支持性产业与优势产业是一种休戚与共的关系。波特的研究提醒人们注意"产业集群"这种现象，就是一个优势产业不是单独存在的，它一定是同国内相关强势产业一同崛起。美国、德国、日本汽车工业的竞争优势离不开钢铁、机械、化工、零部件等行业的支持。

(四)企业战略、企业结构和同业竞争

第四个关键要素是企业,包括该如何创立、组织和管理公司,以及竞争对手的条件如何等。国家环境会影响企业的管理和竞争形式。

波特指出,推进企业走向国际化竞争的动力很重要。这种动力可能来自国际需求的拉力,也可能来自本地竞争者的压力或市场的推力。创造与保持产业竞争优势的最大关联因素是国内市场强有力的竞争对手。在国际竞争中,成功的产业必然先经过国内市场的搏斗,迫使其进行改进和创新,海外市场则是竞争力的延伸。如日本汽车在国际市场上的竞争力与日本国内存在九大汽车产商有密切的关系。

形成企业国际观的另一个要素是当地人对外语的态度。日本企业国际化成功,原因是日本人努力学习外语,背后驱动这种态度的是国内市场饱和与同业竞争带来的压力。

政府政策也会影响企业的国际化。瑞士的中立国角色,使得该国企业在发展政治相关产业的国际通路时,阻力大为减少。

第二节　内部环境分析

国内外企业发展的实践表明,同一产业内企业间竞争力的差异,甚至比处于不同产业内的企业间竞争力的差异还要大,从这个意义上讲,企业的主要利润源泉是企业的特殊性。一个企业要取得战略上的成功,不可忽视内功的建设。企业若想取得良好的战略绩效,简单的产业定位是不够的,外部环境提供是"可能做的",但内部环境分析提供了"能够做的",战略应是一个"可能做的"和"能够做的"之间的有机组合。

一、企业资源与能力分析

在当今的竞争格局中,传统的资源条件如劳动、资金、原材料仍然是企业获取竞争优势的来源,但相对于过去而言,它们对竞争优势的贡献度已经减少了许多。在这样的背景下,企业的内功要做到与众不同,必须考虑发展出一些不同的资源。

(一)企业资源分析

企业资源分析的目的在于识别企业的资源状况、企业资源方面所表现出来的优势和劣势及其对未来战略目标制定和实施的影响。

企业资源,是指企业所拥有或控制的有效因素的总和。按照竞争优势的资源基础理论,企业的资源禀赋是其获得持续竞争优势的重要基础。

1. 企业资源的主要类型

企业资源主要分为三种:有形资源、无形资源和人力资源。

(1)有形资源

有形资源是指可见的、能用货币直接计量的资源,主要包括物质资源和财务资源。

物质资源包括企业的土地、厂房、生产设备、原材料等，是企业的实物资源。财务资源是企业可以用来投资或生产的资金，包括应收账款、有价证券等。

有形资源一般都反映在企业的资产当中，但是，由于会计核算的要求，资产负债表所记录的资产的账面价值并不能完全代表有形资源的战略价值。

（2）无形资源

无形资源是指企业长期积累的、没有实物形态的，甚至无法用货币精确度量的资源。通常包括品牌、商誉、技术、专利、商标、企业文化及组织经验等。

由于一般都难以被竞争对手了解、购买、模仿或替代，无形资源是一种十分重要的企业核心竞争力的来源。技术资源具有先进性、独创性和独占性等特点，可据此建立竞争优势。商誉，对于产品质量差异较小的行业（如软饮料行业），可以说是最重要的企业资源。

由于会计核算的原因，资产负债表中的无形资产并不能代表企业的全部无形资源，甚至可以说，有相当一部分无形资源是游离在企业资产负债表之外的。

（3）人力资源

人力资源是指组织成员向组织提供的技能、知识及推理和决策能力。研究发现，能有效开发和利用人力资源的企业发展更好、更快。人力资源的重要性是显而易见的，任正非、张瑞敏等知名企业家对企业今天成就的贡献是毋庸置疑的。但是，有价值的人力资源并非局限于企业家和高级管理者，哪怕是最基层、最普通的员工，对企业成败也有着重要影响。

2. 决定企业竞争优势的企业资源判断标准

哪些资源是有价值的，可以使企业获得竞争优势，判断标准如下。

（1）资源的稀缺性

企业掌握的资源竞争对手不能获取，则企业获得竞争优势。如果资源供应充分，任何竞争对手都能够获得，这意味着拥有相似资源的其他企业也可以采取相同的战略。对于拥有专利、专有技术等资源的企业，由于受到法律保护，它们在市场上存在很少的竞争者，因而更有可能取得良好的市场表现。在一个行业中，只要拥有特殊有价值的资源的企业数目达不到完全竞争状态所需的企业数目时，这类资源就可被视为稀缺的。

（2）资源的不可模仿性

资源具有的不可模仿性，可以成为获取持续竞争优势的另外一个重要条件。资源的不可模仿性主要有以下四种形式。

①物理上独特的资源。例如，企业所拥有的房地产处于极佳的地理位置，拥有矿物开采权或是拥有法律保护的专利技术等。

②具有路径依赖性的资源。那些必须经过长期积累才能获得的资源。

③具有因果含糊性的资源。企业对有些资源的形成原因并不能给出清晰的解释，竞争对手难以对其进行模仿。

④具有经济制约性的资源。因为市场空间有限，即使竞争对手有很强的能力，也只好放弃竞争。

（3）资源的不可替代性

企业的资源如果很容易被替代，那么竞争者可以通过获取替代资源而改变竞争格局。

一些旅游景点的独特优势很难被其他景点的资源所替代。

(4) 资源的持久性

资源的贬值速度越慢，就越有利于形成竞争优势。有形资源往往都有自己的损耗周期，而无形资源和人力资源则很难确定其贬值速度，品牌资源随着时代的发展在不断地升值。

(二) 企业能力分析

企业能力是指企业配置资源，发挥其生产和竞争作用的能力。企业能力来源于企业有形资源、无形资源和组织资源的整合，是企业各种资源有机组合的结果。

(三) 企业的核心竞争力

普拉哈拉德 (K.Prahald C.) 和哈默 (Hamel G.) 两位学者1990年在《哈佛商业评论》上撰文提出"核心竞争力"的概念。他们指出，核心竞争力，"是组织中的积累性学识，特别是关于如何协调不同的生产技能和有机整合多种技术流的学识。"

企业的核心竞争力（见表2-1）可以是优秀技能，也可以是技术诀窍，生产技能的组合。从总体上讲，核心竞争力的产生是企业中各个不同部分有效整合的结果，也就是各种单个资源整合的结果。

表2-1 成功企业的核心竞争力

公司名称	核心竞争力	市场及产品
英特尔	CPU技术	电脑中央处理器、相关芯片组
波音	航空技术	各式民用航空器、军用飞机、导弹
本田	发动机和电动火车技术	摩托车、汽车发动机、割草机
索尼	家电小型化、袖珍化	便携式收录机、摄像机、电视机、机器人
3M	粘接技术	砂纸、告示贴、磁带、录像带
通用电气	强有力的战略实施能力	飞机发动机、医疗设备、财务公司
海尔	服务提升品牌、创新能力	白色和黑色家电
万科	住宅开发及物业管理	中高档住宅
联想	销售网络、品牌推广	计算机及其附属设备

二、价值链分析

迈克尔·波特在《竞争优势》一书中引入了"价值链"概念。波特认为，企业所有的互不相同但又相互关联的生产经营活动，构成了创造价值的一个动态过程，即价值链。

价值链（见图2-7）把企业活动进行分解，通过考虑单个的活动及其相互之间的关系来确定企业的竞争优势，是分析公司资源与能力有用的理论框架。价值链分析有助于企业了解产业链各部分的成本状况与盈利水平，使企业发挥自身优势进行战略定位，在与其最擅长的活动附近展开有效的竞争。例如，PC产业中的微软公司和英特尔公司都没有通过垂直整合自己去制造和销售PC产品，而仅仅通过分别提供微处理器和操作系统，就侵吞了该产业中大约 3/4 的利润。

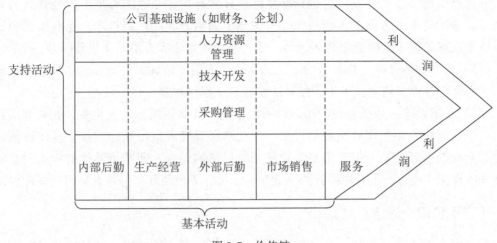

图 2-7 价值链

（一）价值链的两类活动

价值链将企业的生产经营活动分为基本活动和支持活动两大类。

1. 基本活动

基本活动，又称主体活动，是指生产经营的实质性活动，与商品实体的加工流转直接有关，是企业的基本增值活动。每一种活动又可以根据具体的产业和企业的战略再进一步细分成若干项活动。

（1）内部后勤：又称进货物流，是指与产品投入有关的进货、仓储和分配等活动，如原材料的装卸、入库、盘存、运输及退货等。

（2）生产经营：是指将投入转化为最终产品的活动，如加工、装配、包装、设备维修、检测等。

（3）外部后勤：又称出货物流，是指产品的库存、配送给购买者有关的活动，如产成品的入库、接收订单、送货等。

（4）市场和销售：是指与促进和引导购买者购买企业产品的活动，如广告、定价、销售渠道等。

（5）服务：是指与保持和提高产品价值有关的活动，如培训、修理、零部件的供应和产品的调试等。

2. 支持活动

支持活动，又称辅助活动，是指用以支持基本活动而且内部之间又相互支持的活动，包括采购管理、技术开发、人力资源管理和企业基础设施。

（1）采购管理：采购企业所需投入品的职能，而不是被采购的投入品本身。是广义的概念，包括生产用原材料的采购，也包括其他资源投入的管理。例如，企业聘请咨询公司为企业进行广告策划、市场预测、管理信息系统设计、法律咨询等都属于采购管理。

(2）技术开发：是指可以改进企业产品和工序的一系列技术活动。是一个广义的概念，既包括生产性技术开发，也包括非生产性技术开发。企业的每项生产经营活动都包含技术。有的是生产方面的工程技术，有的属于通信方面的信息技术，还有属于领导的决策技术。这些技术支持企业全部活动，是判断企业竞争实力的一个重要因素。

（3）人力资源管理：是指企业职工的招聘、雇用、培训、提拔和退休等各项管理活动。人力资源管理在调动职工生产经营的积极性上起到重要作用。

（4）基础设施：是指企业的组织结构、惯例、控制系统以及文化等。企业高层管理人员往往在这些方面发挥着重要的作用，因此高层管理人员也往往被视作基础设施的一部分。企业的基础设施一般是用来支撑整个价值链的运行，即所有其他的价值创造活动都在基础设施中进行。在多种经营的企业里，公司总部和经营单位各有自己的基础设施。

（二）价值链确定

要判断企业的竞争优势，有必要确定企业的价值链。价值链中的每一个活动都能分解为一些相互分离的活动。确定有关价值活动要求将技术特征或经济效果可分离的活动分解出来。分解的适当程度依赖于这些活动的经济性和分析价值链的目的。

分离这些活动的基本原则是：①具有不同的经济性；②对产品差异化产生很大的潜在影响；③在成本中所占比例很大或所占比例在上升。

选择适当的类别以将某一活动归类需要进行判断。价值活动应分别列入能最好地反映它们对企业竞争优势贡献的类别中。

（三）企业资源能力的价值链分析

价值链分析的关键是，要认识企业不是机器、货币和人员的随机组合，是有效地将这些资源组织起来（见图 2-8），价值活动和它们之间的联系是组织的竞争优势的源泉。因此，资源分析必须是一个从资源评估到对怎样使用这些资源的评估过程。

企业资源能力的价值链分析要明确以下几点。

（1）确认那些支持企业竞争优势的关键性活动。

（2）明确价值链内各种活动之间的联系。

（3）明确价值系统内各项价值活动之间的联系。

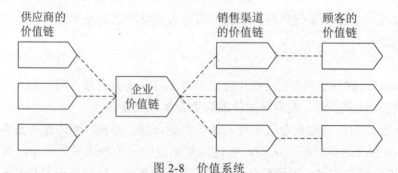

图 2-8 价值系统

三、业务组合分析

对公司业务组合进行分析，保证业务组合的优化是公司战略管理的主要责任。波士顿矩阵与通用矩阵分析就是公司业务组合分析的主要方法。

（一）波士顿矩阵

1. 基本概念

波士顿矩阵是由布鲁斯·亨德森（Bruce Henderson）于1970年首创的一种用来分析和规划企业产品组合的方法，是最早的业务组合分析方法之一。这种方法的核心在于，要解决如何使企业的产品品种及其结构适合市场需求的变化，同时，将企业有限的资源有效地分配到合理的产品结构中去，以保证企业收益。

波士顿矩阵认为决定产品结构的基本因素有两个：市场引力与企业实力。市场引力包括最主要的指标——市场增长率，这是决定企业产品结构是否合理的外在因素。企业实力最主要的指标——市场占有率，是决定企业产品结构的内在要素，它直接显示出企业竞争实力。市场增长率与市场占有率既相互影响，又互为条件。

2. 基本原理

波士顿矩阵（见图2-9）纵轴表示市场增长率，是指企业所在产业某项业务前后两年市场销售额增长的百分比。这一增长率表示每项经营业务所在市场的相对吸引力，通常用10%平均增长率作为增长高、低界限。矩阵的横轴表示企业在产业中的相对市场占有率，是指以企业某项业务的市场份额与这个市场上最大的竞争对手的市场份额之比。这一市场占有率反映企业在市场上的竞争地位。相对市场占有率的分界线为1.0（在该点本企业的某项业务与该业务市场上最大竞争对手市场份额相等），划分为高、低两个区域。

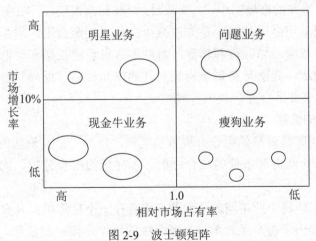

图2-9 波士顿矩阵

（1）高增长率—低占有率的问题业务

问题业务处于最差的现金流量状态。对问题业务应采取选择性投资战略。即首先确定对该象限中那些经过改进可能会成为明星的业务进行重点投资，提高市场占有率，使之转变成明星业务。如果经过分析，发现问题业务不能发展为明星业务，企业应采取撤退战略，退出这些产业，重新分配资源。

对问题产品的管理组织，最好是采取智囊团或项目组织等形式，选拔有规划能力、敢于冒风险、有才干的人负责。

（2）高增长率—高占有率的明星业务

明星业务的增长和获利有着极好的长期机会，但它们需要大量的投资。对明星业务适宜采用的战略是积极扩大经济规模和市场机会，以长远利益为目标，提高市场占有率，加强竞争地位。

明星业务的管理组织最好采用事业部形式，由对生产技术和销售两方面都很内行的经营者负责。

（3）低增长率—高占有率的现金牛业务

现金牛业务所在的市场已进入寿命周期的成熟阶段，因而发展速度较低，但企业在市场上的占有率较高。现金牛业务强有力的市场地位和较低的追加投资需要，使其创造的现金流高于自身对现金的需要量，因而能为企业其他各类业务（主要是问题业务和明星业务）的发展提供财力支持。对实力不同的现金牛业务应该采取不同的态度：对于现金牛业务中较强的业务，即市场刚刚开始饱和，企业在市场上处于支配地位的现金牛业务，企业应采取维持性战略，有效利用这些业务提供的资源发展其他业务；对于较弱的现金牛业务，即市场发展已到尽头，或企业的市场地位在逐渐衰退的现金牛业务，企业应采取榨取性战略，争取在较短的时间内尽可能多的获取该业务可能提供的收益，逐渐退出该业务。

对于现金牛产品，适合于用事业部制进行管理，其经营者最好是市场营销型人物。

（4）低增长率—低占有率的瘦狗业务

这类业务处于饱和的市场当中，竞争激烈，可获利润很低，不能成为企业资金的来源。

对这类产品应采用撤退战略：首先应减少批量，逐渐撤退，对那些还能自我维持的业务，应缩小经营范围，加强内部管理；而对那些市场增长率和企业市场占有率均极低的业务则应立即淘汰。其次是将剩余资源向其他产品转移。最后是整顿产品系列，最好将瘦狗产品与其他事业部合并，统一管理。

4. 波士顿矩阵的贡献

（1）波士顿矩阵是最早的组合分析方法之一，作为一个有价值的思想方法，被广泛运用在产业环境与企业内部条件的综合分析、多样化的组合分析、大企业发展的理论依据等方面。

（2）波士顿矩阵将企业不同的经营业务综合在一个矩阵中，具有简单明了的效果。

（3）该矩阵指出了每个经营单位在竞争中的地位、作用和任务，从而使企业有选择和集中地运用有限的资金。每个经营业务单位也可以从矩阵中了解自己在总公司中的位置和可能的战略发展方向。

（4）利用波士顿矩阵还可以帮助企业推断竞争对手对相关业务的总体安排。其前提是竞争对手也使用波士顿矩阵的分析技巧。

5. 波士顿矩阵的局限

（1）在实践中，企业要确定各业务的市场增长率和相对市场占有率是比较困难的。

（2）波士顿矩阵过于简单。第一，它用市场增长率和相对市场占有率两个单一指标分别代表产业吸引力和企业竞争地位，不能全面反映这两方面的状况。第二，两个坐标各自的划分都只有两个位级，划分过粗。

（3）波士顿矩阵事实上暗含了一个假设：企业的市场份额与投资回报是呈正相关关系的，但在有些情况下这种假设可能是不成立或不全面的。

（4）波士顿矩阵的另一个条件是，资金是企业的主要资源。但在许多企业内，要进行规划和均衡的重要资源不仅是现金，还有时间和人员的创造力。

（5）波士顿矩阵在具体运用中有很多困难。例如，根据波士顿矩阵分析，现金牛业务要为问题业务和明星业务的发展筹资，但如何保证企业内部的机制与之配合仍然是管理中的难题。

（二）通用矩阵

通用矩阵，又称行业吸引力矩阵，是美国通用电气公司设计的一种投资组合分析方法。

1. 基本原理

通用矩阵（见图2-10）改进了波士顿矩阵过于简化的不足。第一，在两个坐标轴上都增加了中间等级；第二，其纵轴用多个指标反映产业吸引力，横轴用多个指标反映企业竞争地位。这样，通用矩阵不仅能适用于波士顿矩阵所能适用的范围，而且9个区域的划分，更好地说明了企业中处于不同地位各类业务的状态。

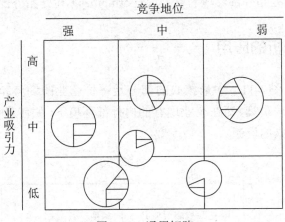

图2-10 通用矩阵

产业吸引力和竞争地位的值决定着企业某项业务在矩阵上的位置。矩阵中圆圈面积的大小与产业规模呈正比，圈中扇形部分（画线部分），表示某项业务的市场占有率。

影响产业吸引力的因素，有市场增长率、市场价格、市场规模、获利能力、市场结构、竞争结构、技术及社会政治因素等。

影响经营业务竞争地位的因素，有相对市场占有率、市场增长率、买方增长率、产品差别化、生产技术、生产能力、管理水平等。

企业中处于左上方 3 个方格的业务最适应采取增长与发展战略，企业应优先分配资源；处于右下方 3 个方格的业务，一般应采取停止、转移、撤退战略；处于对角线上 3 个方格的业务，应采取维持或有选择地发展的战略，保护原有的发展规模，同时调整其发展方向。

2. 通用矩阵的局限

通用矩阵虽然改进了波士顿矩阵过于简化的不足，但是也因此带来了自身的不足。

（1）用综合指标来测算产业吸引力和企业的竞争地位，这些指标在不同产业或不同企业的表现可能会不一致，评价结果也会由于指标权数分配的不准确而产生偏差。

（2）分划较细，对于多元化业务类型较多的大公司必要性不大，且需要更多数据，方法比较繁杂。

第三节　SWOT 分析

一、基本原理

SWOT 分析是一种综合考虑企业内部条件和外部环境的各种因素，进行系统评价，从而选择最佳经营战略的方法。这里，S 是指企业内部的优势（strengths），W 是指企业内部的劣势（weakness），O 是指外部环境的机会（opportunities），T 是指外部环境的威胁（threats）。

二、SWOT 分析的应用

SWOT 分析（见图 2-11）中最核心的部分是评价企业的优势和劣势、判断企业所面临的机会和威胁并做出决策，即在企业现有的内外部环境下，如何最优地运用自己的资源，并且考虑建立公司未来的资源。

图 2-11　SWOT 分析

第Ⅰ类型的企业具有很好的内部优势及众多的外部机会，应当采取增长型战略，如开发市场、增加产量等。

第Ⅱ类企业面临着巨大的外部机会，却受到内部劣势的限制，应采用扭转型战略，充分利用环境带来的机会，设法清除劣势。

第Ⅲ类企业内部存在劣势，外部面临强大威胁，应采用防御型战略，进行业务调整，设法避开威胁和消除劣势。例如，克莱斯勒1980年拍卖欧洲资产走出危机。

第Ⅳ类企业具有一定的内部优势，但外部环境存在威胁，应采取多种经营战略，利用自己的优势，在多样化经营上寻找长期发展的机会；或进一步增强自身竞争优势，以对抗竞争对手的威胁。

复习思考题

1. 哪些要素构成了战略的外部环境？
2. 影响产业结构的五种力量是什么？
3. 什么是战略群组？解释它们对企业的影响。
4. 企业应了解竞争对手的哪些情况？
5. 什么是资源？不同的资源如何区分？
6. 有形资源和无形资源有什么差异？你认为哪一类资源与创造竞争优势的关系更加密切？为什么？
7. 什么是能力？
8. 简述能够建立核心竞争力的资源的特征。
9. 什么是企业的价值链？
10. 简述波士顿矩阵和通用矩阵。

即测即练

第三章 战略选择

学习目标

1. 掌握公司层战略的基本类型；
2. 掌握实现战略的三种途径及各自的优缺点；
3. 掌握基本竞争战略的类型，各自的优缺点及适用情形；
4. 理解企业国际化经营的动因和类型；
5. 能够运用基本原理分析公司的总体战略和竞争战略。

战略管理是战略分析、战略选择和战略实施三个部分相互联系而构成的一个循环。在进行了战略内外环境分析之后，就进入了战略选择阶段。

基本内容框架

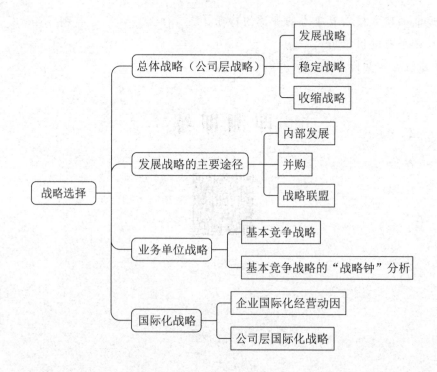

第一节 总体战略（公司层战略）

公司层战略是关于企业同时经营多种业务时如何获取竞争优势的理论。总体战略可分类三大类：发展战略、稳定战略和收缩战略。

一、发展战略

企业发展战略强调充分利用外部环境的机会，充分发掘企业内部的优势资源，以求得企业在现有的战略基础上向更高一级的方向发展，是企业最常用的战略。从企业发展的角度来看，任何成功的大企业都应当经历过长短不一的发展战略实施期。

发展战略主要包括 3 种基本类型：一体化战略、密集型战略和多元化战略。

（一）一体化战略

一体化战略是指企业对具有优势和增长潜力的产品或业务，沿其经营链条的纵向或横向延展业务的深度和广度，扩大经营规模，实现企业成长。

一体化战略按照业务拓展的方向可以分为：纵向一体化和横向一体化。

1. 纵向一体化战略

纵向一体化战略是指企业沿着产品或业务链向前或向后，延伸和扩展企业现有业务的战略。

（1）前向一体化战略是指获得分销商或零售商的所有权以加强对销售环节的控制。

前向一体化战略的主要适用条件包括以下几点。

①企业现有销售商的销售成本较高或者可靠性较差而难以满足企业的销售需要。
②企业所在产业的增长潜力较大。
③企业具备前向一体化所需的资金、人力资源等。
④销售环节的利润率较高。

（2）后向一体化战略是指获得供应商的所有权或加强对其控制权。后向一体化战略在汽车、钢铁等产业采用得较多。

后向一体化战略主要适用条件包括以下几点。

①企业现有的供应商供应成本较高或者可靠性较差而难以满足企业对原材料、零件等的需求。
②供应商数量较少而需求方竞争者众多。
③企业所在产业的增长潜力较大。
④企业具备后向一体化所需的资金、人力资源等。
⑤供应环节的利润率较高。
⑥企业产品价格的稳定对企业而言十分关键，后向一体化有利于控制原材料成本，从而确保产品价格的稳定。

企业采用纵向一体化战略的主要风险包括以下几点。

①不熟悉新业务领域所带来的风险。

②纵向一体化,尤其是后向一体化,一般涉及的投资数额较大且资产专用性较强,加大了企业在该产业的退出成本。

2. 横向一体化战略

横向一体化战略是指企业收购、兼并或联合竞争企业的战略。企业采用横向一体化的主要目的是减少竞争压力,实现规模经济,增强自身实力以获取竞争优势。

比较适宜采用横向一体化战略的有以下情形。

(1)企业所在产业竞争较为激烈。

(2)企业所在产业的规模经济较为显著。

(3)企业的横向一体化如果符合反垄断法律法规,能够在局部地区获得一定的垄断地位。

(4)企业所在产业的增长潜力较大。

(5)企业具备横向一体化所需的资金、人力资源等。

(二)密集型战略

研究企业密集型战略的基本框架,是安索夫的"产品—市场战略组合"矩阵。安索夫认为在描述企业面对成长的多种选择时,"市场"比顾客的概念更能体现产品的使命,因为市场更能反映设计产品的意图。若分别以产品线和相应的市场作为划分标准,则二者所对应的矩阵可以描述企业成长的4种战略,如表3-1所示。

表3-1 产品—市场战略组合矩阵

	现有产品	新产品
现有市场	市场渗透	产品开发
新市场	市场开发	多元化

1. 市场渗透——现有产品和现有市场

彼德斯(Peter T.J.)和沃特曼(Waterman R.H.)把这种战略称为"坚守阵地",这种战略强调发展单一产品,试图通过更强的营销手段而获得更大的市场占有率。

市场渗透战略的基础是增加现有产品或服务的市场份额,或增加正在现有市场中经营的业务。它的目标是通过各种方法来增加产品的使用频率。增长方法有以下几种。

(1)扩大市场份额,这个方法特别适用于整体正在成长的市场。

(2)开发小众市场,目标是在行业中的一系列目标小众市场中获得增长,从而扩大总的市场份额。如果与竞争对手相比企业的规模较小,那么,这种方法尤为适用。

(3)保持市场份额,特别是当市场发生衰退时,保持市场份额具有重要意义。

企业运用市场渗透政策的难易程度取决于市场的性质及竞争对手的市场地位。

市场渗透战略主要适用于以下情况。

(1)当整个市场正在增长,或可能受某些因素影响而产生增长时,企业要进入该市场可能会比较容易，那些想要取得市场份额的企业能够以较快的速度达成目标。相反，向停滞或衰退的市场渗透可能会难得多。

（2）如果一家企业决定将利益局限在现有产品或市场领域，即使在整个市场衰退时也不允许销售额下降，那么企业可能必须采取市场渗透战略。

（3）如果其他企业由于各种原因离开了市场，市场渗透战略可能是比较容易成功的。

（4）企业拥有强大的市场地位，并且能够利用经验和能力来获得强有力的独特竞争优势，那么向新市场渗透是比较容易的。

（5）市场渗透战略对应的风险较低、高级管理者参与度较高，且需要的投资相对较低的时候，市场渗透策略也会比较适用。

2. 市场开发——现有产品和新市场

市场开发战略是指将现有产品或服务打入新市场的战略。既可以是进入国内其他地区，也可以是进入国际市场。实施市场开发战略的主要途径包括开辟其他区域市场和细分市场。

采用市场开发战略可能有几个原因。

（1）企业发现现有产品生产过程的性质导致难以转而生产全新的产品，因此它们希望能开发其他市场。

（2）市场开发往往与产品开发结合在一起，例如，将工业用的地板或地毯清洁设备做得更小、更轻，这样可以将其引入到民用市场。

（3）现有市场或细分市场已经饱和，这可能会导致竞争对手去寻找新的市场。

市场开发战略主要适用于以下几种情况。

（1）存在未开发或未饱和的市场。

（2）可得到新的、可靠的、经济的和高质量的销售渠道。

（3）企业在现有经营领域十分成功。

（4）企业拥有扩大经营所需的资金和人力资源。

（5）企业存在过剩的生产能力。

（6）企业的主业属于正在迅速全球化的产业。

3. 产品开发——新产品和现有市场

这种战略是在原有市场上，通过技术改进与开发研制新产品。这种战略可以延长产品的寿命周期，提高产品的差异化程度，满足市场新的需求，从而改善企业的竞争地位。

拥有特定细分市场、综合性弱的产品或服务范围窄小的企业可能会采用这一战略。产品开发战略有利于企业利用现有产品的声誉和商标，吸引用户购买新产品。另外，产品开发战略是对现有产品进行改进，对现有市场较为了解，产品开发的针对性较强，因而较易取得成功。

产品开发战略比较富有挑战性，这是因为它通常要求企业致力于对产品进行强有力的研究与开发。这可能是由产品的本质或市场的需求决定的。

开发新产品可能会极具风险，特别是当新产品投放到新市场中时。这一点也会导致该战略实施起来有难度。尽管该战略明显带有风险，但是企业仍然有以下合理的原因采用该战略。

（1）充分利用企业对市场的了解。

（2）保持相对于竞争对手的领先地位。

（3）从现有产品组合的不足中寻求新的机会。

（4）使企业能继续在现有市场中保持稳固的地位。

产品开发战略适用于以下几种情况。

（1）企业产品具有较高的市场信誉度和顾客满意度。

（2）企业所在产业属于适宜创新的高速发展的高新技术产业。

（3）企业所在产业正处于高速增长阶段。

（4）企业具有较强的研究与开发能力。

（5）主要竞争对手以类似价格提供更高质量的产品。

4. 多元化——新产品和新市场

多元化是新产品与新市场结合的结果，指企业进入与现有产品和市场不同的领域。在任何经营环境中，没有一家企业可以认为自身能够不受产品过时和需求枯竭的影响。

多元化可以分为相关多元化和非相关多元化。

（1）相关多元化

相关多元化也称同心多元化，是指以现有业务或市场为基础进入相关产业或市场。相关多元化的相关性可以是产品、生产技术、管理技能、营销渠道、营销技能及用户等方面的类似。采用相关多元化战略，有利于企业利用原有产业的产品知识、制造能力、营销渠道、营销技能等优势来获取融合优势。当企业在产业或市场内具有较强的竞争优势，而该产业或市场成长性或吸引力逐渐下降时，比较适宜采用同心多元化战略。

（2）非相关多元化

非相关多元化，也称离心多元化，是指企业进入与当前产业和市场均不相关的领域。如果当前产业或市场缺乏吸引力，而企业也不具备较强的能力和技能转向相关产品或市场，较为现实的选择就是采用非相关多元化战略。非相关多元化的主要目标是平衡现金流或者获取新的利润增长点，规避产业或市场的发展风险。

企业采用多元化战略具有如下优点。

（1）分散风险，当现有产品及市场失败时，新产品或新市场能为企业提供保护。

（2）能更容易地从资本市场中获得融资。

（3）在企业无法增长的情况下找到新的增长点。

（4）利用未被充分利用的资源。

（5）运用盈余资金。

（6）获得资金或其他财务利益，例如累计税项亏损。

（7）运用企业在某个产业或某个市场中的形象和声誉来进入另一个产业或市场，而在另一个产业或市场中要取得成功，企业形象和声誉是至关重要的。

企业必须充分认识到实施多元化战略具有以下风险。

（1）来自原有经营产业的风险。

（2）市场整体风险。
（3）产业进入风险。
（4）产业退出风险。
（5）内部经营整合风险。

二、稳定战略

稳定战略，又称为维持战略，是指限于经营环境和内部条件，企业在战略期所期望达到的经营状况基本保持在战略起点的范围和水平上的战略。

稳定战略的适用于对战略期环境的预测变化不大，而企业在前期经营相当成功的企业。

采用这种战略的风险比较小，企业可以充分利用原有生产经营领域中的各种资源；减少开发新产品和新市场所必需的巨大资金投入和开发风险；避免资源重新配置和组合的成本；防止由于发展过快、过急造成的失衡状态。

三、收缩战略

收缩战略，也称撤退战略，是指企业缩小原有经营范围和规模的战略。

（一）采用收缩战略的原因

1. 主动原因

（1）大企业战略重组的需要。
（2）小企业的短期行为。

2. 被动原因

（1）外部原因。由于多种原因，原来对企业有利的环境变得不那么有利了。
（2）企业失去竞争优势。由于企业内部经营机制不顺、决策失误等原因，经营陷入困境，不得不采用防御措施。

（二）收缩战略的方式

1. 紧缩与集中战略

集中于短期效益，主要涉及采取补救措施制止利润下滑，以期立即产生效果。具体做法有以下几种。

（1）机制变革包括：调整管理层领导班子；重新制定新的政策和管理控制系统，以改善激励机制与约束机制等。
（2）财务战略：如引进和建立有效的财务控制系统，严格控制现金流量；与关键的债权人协商，重新签订偿还协议，甚至把需要偿付的利息和本金转换成其他的证券等。
（3）削减成本战略：如削减人工成本、材料成本、管理费用、分部和职能部门的规模,以及削减资产等。

2. 转向战略
更多地涉及企业的经营方向的改变,具体做法有以下几种。

(1) 重新定位或调整现有的产品和服务。

(2) 调整营销策略,在价格、广告、渠道等环节推出新的举措。如在改善产品包装后提高产品价格,以增加收入;加强销售攻势和广告宣传等。

3. 放弃战略
涉及企业产权的变更,是比较彻底的撤退方式。其类型有:特许经营、分包、卖断、管理层与杠杆收购、资产置换等。

(三) 收缩战略的困难

收缩战略对企业主管来说,是一项非常困难的决策。困难主要来自以下两个方面。

1. 对企业或业务状况的判断

收缩战略决策效果如何,取决于对公司或业务状况判断的准确程度。而这又是一项难度很大的工作。汤普森于1989年提出了一个详尽的清单,这一清单对于增强判断企业或业务状况的能力会有一定帮助。

(1) 企业产品所处的寿命周期以及今后的盈利情况和发展趋势。

(2) 产品或业务单位的当前市场状况以及竞争优势和机会。

(3) 腾出来的资源应如何运用。

(4) 寻找一个愿出合理价格的买主。

(5) 放弃一部分获利的业务或者一些经营活动,转而投资其他可能获利较大的业务是否值得。

(6) 关闭一家企业或者一家厂场,是否比在微利下仍然维持运转合算?特别是,退出的障碍是否较大,而成本高昂?

(7) 准备放弃的那部分业务在整个公司中所起的作用和协同优势。

(8) 用其他产品和服务来满足现有顾客需求的机会。

(9) 企业降低分散经营的程度所带来的有形和无形的效益。

(10) 寻找合适的买主。应否公开寻找买主,如何审查买主,买主是否会因购入企业的业务而对企业余下业务构成竞争威胁。

2. 退出障碍

波特在《竞争战略》一书中阐述了几种主要的退出障碍。

(1) 固定资产的专用性程度。

(2) 退出成本。

(3) 内部战略联系。

(4) 感情障碍。

(5) 政府与社会约束。

第二节　发展战略的主要途径

实现公司层战略一般可以采用 3 种途径：内部发展（新建）、外部发展（并购）和战略联盟。

一、内部发展（新建）

指企业利用自身内部资源谋求发展的战略。内部发展的狭义内涵是新建。内部发展，也称内生增长，是企业在不收购其他企业的情况下利用自身的规模、利润、活动等内部资源来实现扩张。

对于许多企业来说，特别是对那些产品需要高科技设计或制造方式的企业，内部发展或内生增长已经成为主要的战略发展方式。因为开发过程被视作是获得必要技巧和知识从而使企业能充分利用其产品优势并在市场中立于不败之地的最佳方式。同样的道理也适用于企业通过直接参与来开发新市场的情况。

1. 企业采取内部发展的动因有以下几点

（1）开发新产品的过程使企业能最深刻地了解市场及产品。
（2）不存在合适的收购对象。
（3）保持同样的管理风格和企业文化。
（4）为管理者提供职业发展机会。
（5）代价较低，因为获得资产时无须为商誉支付额外的金额。
（6）收购通常会产生隐藏的或无法预测的损失，而内部发展不太可能产生这种情况。
（7）这可能是唯一合理的、实现真正技术创新的方法。
（8）可以有计划地进行，很容易从企业资源获得财务支持，并且成本可以按时间分摊。
（9）风险较低。
（10）内部发展的成本增速较慢。

2. 内部发展的缺点有以下几点

（1）与购买市场中现有的企业相比，在市场上增加了竞争者，这可能会激化某一市场内的竞争。
（2）企业并不能接触到其他知名企业的知识及系统，可能会更具风险。
（3）从一开始就缺乏规模经济或经验曲线效应。
（4）当市场发展得非常快时，内部发展会显得过于缓慢。
（5）可能会对进入新市场产生非常高的障碍。

3. 内部发展的应用条件具有以下几点

（1）产业处于不均衡状况，结构性障碍还没有完全建立起来。
（2）产业内现有企业的行为性障碍容易被制约。
（3）企业有能力克服结构性壁垒与行为性障碍，或者企业克服障碍的代价小于企业进入后的收益。

二、并购（外部发展）

外部发展的狭义内涵是并购，并购包括收购与合并。并购是指企业通过取得外部经营资源谋求发展的战略。

美国著名学者诺贝尔奖奖金获得者斯格勒对美国500家大企业深入研究后得出结论："没有一个美国大企业不是通过某种程度、某种方式的兼并而成长起来的。几乎没有一家大企业主要是靠内部扩张成长起来的。"

（一）并购的类型

企业并购有许多具体形式，这些形式可以从不同的角度加以分类（见表3-2）。

1. 按并购双方所处的产业分类

按并购方与被并购方所处的产业是否相同，可以分为横向并购、纵向并购和多元化并购3种。

（1）横向并购，并购方与被并购方处于同一产业。横向并购可以消除重复设施，提供系列产品或服务，实现优势互补，扩大市场份额。

（2）纵向并购，是指经营对象上有密切联系，但处于不同产销阶段的企业之间的并购。按照产品实体流动的方向，纵向并购可以分为前向并购与后向并购。

（3）多元化并购，是指处于不同产业、在经营上也无密切联系的企业之间的并购。

2. 按被并购方的态度分类

按被并购方对并购方所持态度不同，可分为友善并购和敌意并购。

（1）友善并购，是指并购方与被并购方通过友好协商确定并购条件，在双方意见基本一致的情况下实现产权转让的一类并购。

（2）敌意并购，又叫恶意并购，通常是指当友好协商遭到拒绝后，并购方不顾被并购方的意愿采取强制手段，强行收购对方企业的一类并购。

3. 按并购方的身份分类

按并购方的不同身份，可以分为产业资本并购和金融资本并购。

（1）产业资本并购，一般由非金融企业进行，即非金融企业作为并购方，通过一定程序和渠道取得目标企业全部或部分资产所有权的并购行为。并购的具体过程是从证券市场上取得目标企业的股权证券，或者向目标企业直接投资，以分享目标企业的产业利润。产业资本并购往往表现出针锋相对、寸利必争的态势，谈判时间长，条件苛刻。

（2）金融资本并购，一般由投资银行或非银行金融机构进行。金融资本并购有两种形式：一是直接谈判，购买所有权，或增资扩股时购买股权；二是收购目标企业的股票从而控股。金融资本并购不以谋求产业利润为首要目的，而是靠购入然后售出企业的所有权来获得投资利润。因此，金融资本并购具有较大的风险性。

4. 按收购资金来源分类

按收购资金来源渠道的不同，可分为杠杆收购和非杠杆收购。

（1）杠杆收购：主体资金来源是对外负债，即是在银行贷款或金融市场借贷的支持下完成。一般而言,在收购所需要的全部资本构成中,收购者自有资本大约只占收购资本总额的10%～15%,银行贷款占收购资本总额的50%～70%,发行债券筹资占20%～40%。

(2) 非杠杆收购:主体资金来源是自有资金。

表3-2 并购的类型

分类标准	类		别
按并购双方的行业分类	横向并购		并购方与被并购方处于同一行业
	纵向并购	前向并购	沿着产品实体流动方向所发生的并购,如生产企业并购销售商
		后向并购	沿着产品实体流动的相反方向所发生的并购,如加工企业并购原料供应商
	多元化并购		不同行业、在经营上无密切联系的企业间的并购
按被并购方的态度分类	友善并购		并购方与被并购方通过友好协商,在双方意见基本一致的情况下实现的并购
	敌意并购		并购方不顾被并购方的意愿强行收购对方的并购
按并购方的身份分类	产业资本并购		并购方为非金融企业
	金融资本并购		并购方为投资银行或非银行金融机构
按收购资金来源分类	杠杆收购		并购方的主体资金来源为对外负债
	非杠杆收购		并购方的主体资金来源是自有资金

(二)并购的动机

1. 克服市场进入壁垒

市场进入壁垒指的是市场或在该市场中已经存在的企业的业务活动,将给试图进入该市场的新公司带来困难或增加其进入成本。例如,原来在这个市场中的大公司可以通过大量的生产和提供服务而获得显著的规模经济效应。而且,消费者对于他们所熟悉的品牌拥有的忠诚度,也会给新进入的公司带来难以克服的障碍。当面对差异化产品时,新进入的公司常常会花费巨大资源用在产品或服务的广告宣传上,并且通常会发现很有必要将产品的价格定得比竞争者更低以吸引消费者。

面对市场进入壁垒或差异化产品市场,新进入者会觉得收购市场中已有的公司以迅速进入市场,要比以挑战者的身份进入市场向消费者提供他们不熟悉的产品或品牌显得更有效率。实际上,一个行业的市场进入壁垒越高,新进入者采取这种并购策略以克服市场进入壁垒的概率就越大。

2. 降低新产品开发成本及加快进入市场的速度

通过企业自身的力量在内部开发新产品并将其推向市场往往需要耗费大量的公司资源,包括时间成本,因为新产品通常很难在短期内为企业带来投资收益。而且,多数企业管理者关心的是如何从资本投入中获得丰厚的收益,以便拓展和商业化新的产品。于是,收购便成为推出新产品的另一条捷径。与企业自行开发相比,通过收购得到的新产品带来的收益更具有可预测性,并且也更容易快速进入市场。

3. 相比开发新产品风险更小

与自行开发相比，并购其他企业的效果更容易进行预测且更为精确，因此，企业经营者常常将并购看作降低风险的举措。

4. 实现多元化

多元化的公司也会采取收购战略。通过市场中已有的企业来推出新产品要相对容易一些。相反，靠企业自身原有的力量来开发不熟悉的新产品相对比较困难。

5. 学习和发展新的能力

通过收购，公司可以获得以前不曾拥有的能力，如技术能力。研究表明，通过收购，公司可以拓展知识基础及减少惯性，通过跨国收购网罗各地优秀人才，可以帮助公司提升自身的实力。

横向并购可以减少竞争。

（三）并购的风险

合理的收购能够提高战略竞争性，但收购战略不是没有风险的。研究表明，大约20%的并购是成功的，60%结果不够理想，最后20%可以说是完全失败的。并购具有以下风险。

1. 整合的困难

收购后的整合阶段是一个复杂的过程。整合问题包括：不同企业文化的融合，不同财务控制系统的连接，有效工作关系的建立（特别是当两家公司的企业管理风格相左时），以及如何处理被收购公司原有管理层人员的地位问题等。

2. 对收购对象评估不充分

尽职调查是指企业对收购对象进行充分评估的过程。有效的尽职调查要评估各方面问题，包括收购的财务问题、收购方与被收购方的企业文化差异、收购带来的税务问题，以及如何整合各自原来的员工队伍等问题。尽管企业本身有可能组建自己内部的尽职调查小组，但尽职调查通常由专业机构来执行，像投资银行、会计师事务所、律师事务所及从事企业收购咨询的公司等。

尽管尽职调查通常着重于分析被收购公司的财务状况和所应用的会计准则，但是尽职调查也要审查收购的战略协同性和收购公司有效整合被收购公司的能力，以保证从收购交易中获得潜在的收益。

3. 巨额或超正常水平的债务

想要收购目标公司，可能给收购公司带来巨额或超正常水平的债务。

4. 难以形成协同效应

当各单位一起工作产生的价值超过其独立工作的成果之和时，就意味着产生了协同效应。另一种说法是，当资源联结在一起比单独使用更有价值时，就产生了协同效应。

5. 跨国并购面临政治风险

对于跨国并购而言，规避政治风险日益成为企业国际化经营必须重视的问题。企业要加强对东道国的政治风险的评估，防范政治风险。

6.过度多元化

在某些时候，公司会变得过度多元化。过度多元化引起的一个问题是公司会倾向于用收购行动来代替自我创新。

三、战略联盟

伴随着世界市场越来越大，对公司资源的要求日益苛刻。任何公司想要单靠自己的力量在国际市场上竞争越来越困难，公司迫切需要通过战略联盟来维持生存和获得发展。弥补战略缺口构成了战略联盟的最大动因。战略缺口是企业希望达到的战略目标与凭借自身的资源、能力所能实际达到的状况之间的差距。

战略联盟是指两个或两个以上经营实体之间为了达到某种战略目的而建立的一种合作关系。

（一）战略联盟的概念

战略联盟最早由美国 DEC 公司总裁简·霍普兰德（J.Hopland）和管理学家罗杰·奈格尔（R.Nigel）首先提出来的，他们认为战略联盟是指由两个或两个以上有着对等经营实力的企业（或特定事业和职能部门），为达到共同拥有市场、共同使用资源等战略目标，通过各种协议、契约而结成的优势相长、风险共担、要素水平式双向或多向流动的松散型网络组织。丰田的战略联盟如表 3-3 所示。

以波特为代表，提出战略联盟是介于市场与企业之间的交易方式，它是指企业之间进行长期合作，既超出了正常的市场交易但又没有到合并的程度。

表 3-3 丰田的战略联盟

集团或公司		战略联盟形式
丰田横向联盟	通用	与通用合资建厂（NUMMI），双方各持股 50%
	大众	在日本销售大众和奥迪汽车
	福特	福特学习丰田的汽油电力混合车辆开发技术，丰田学习福特的财务服务
	标致雪铁龙	2001 年共建合资公司，双方各持股 50%
	雷诺	与雷诺在哥伦比亚共同生产雷诺轿车和丰田货车，丰田占股份 17.5%，雷诺占股份 23.7%
	大发	有大发 50% 以上的股份
	本田	与本田、马自达、三菱及日产共同开发零部件订货网络
	日野	有日野 20.1% 的股份
	富士重工	2005 年丰田汽车公司（TMC）以 354 亿日元购得富士重工 8.7% 的股份
丰田纵向联盟		与日本电装公司、爱信精机公司、丰田合成公司、亚乐克公司、关东工业公司、爱三工业公司等零部件、车体及车身生产商进行战略联盟

（二）战略联盟的基本特征

（1）从经济组织形式来看，战略联盟是介于企业与市场之间的一种"中间组织"。战略联盟超越了正常的市场交易但并非直接合并，战略联盟的形成模糊了企业和市场之间的界限。

（2）从企业关系来看，组建战略联盟的企业各方是在资源共享、优势相长、相互信任、相互独立的基础上通过协议而结成的一种平等的合作伙伴关系。联盟企业之间的协作关系主要表现为：①相互往来的平等性。相互之间的往来遵循自愿互利原则。②合作关系的长期性。参与联盟的目标不在于获取短期利益，而是希望通过持续的合作增强自身的竞争优势。③整体利益的互补性。联盟成员拥有自己特定的优势，成员之间是利益互补关系。④组织形式的开放性。战略联盟是动态、开放的体系。

（3）从企业行为来看，联盟行为是一种战略性的合作行为。它并不是对瞬间变化所做出的应急反应，而是着眼于优化企业未来竞争环境的长远谋划。

（三）战略联盟形成的动因

（1）促进技术创新。全球竞争压力的不断增加和研发费用的不断提高，迫使即使是大型跨国公司在技术创新活动中也采取合作形式。美国通用电气公司与法国斯奈克马合作开发一种新型的飞机引擎，这项研究和开发约需要10年时间，耗资约在10亿～20亿美元。波音和富士、三菱及川崎重工共同投资40亿美元联合开发波音777型喷气客机，还耗资60亿美元同法、德、英、西班牙4国飞机制造企业共同研制一种载客量达700多人的新型客机。

（2）避免经营风险。避免盲目性和因孤军作战而引起的全社会范围内的创新资源浪费，降低市场开发与技术创新的风险。例如，通用汽车与丰田汽车结盟，从日本引进小型轿车技术和生产手段，使通用原先用于开发小汽车的25亿美元，用于改进和开发中、大型轿车。

（3）避免或减少竞争。战略联盟以合作取代竞争，减少应对激烈竞争的高昂费用。这种竞合思路不仅表现在供应者和购买者之间，也表现在同产业中的竞争对手之间。

（4）实现资源互补。例如福特与马自达的战略联盟，福特借助马自达的营销网络进入亚洲市场，依靠马自达的生产能力在日本建立小型车供应基地，马自达提高了汽车发动机制造技术。

（5）开拓新的市场。企业通过建立广泛的战略联盟可迅速实现经营范围的多样化和经营地区的扩张。

（6）降低协调成本。与并购相比，战略联盟不需要企业间的整合，因此可以降低协调成本。

（四）战略联盟的主要类型（见表3-4）

表 3-4　战略联盟的主要类型

股权参与	合资企业	最常见的一种类型。是指将各自不同的资产组合在一起进行生产，共担风险和共享收益，它更多地体现了联盟企业之间的战略意图，而并非仅仅限于寻求较高的投资回报率
	相互持股投资	通常是通过交换彼此的股份而建立起一种长期的相互合作的关系。与合资企业不同的是，相互持有股份不需要将彼此的设备和人员加以合并。它与合并或兼并也不同，这种投资性的联盟仅持有对方少量的股份，联盟企业之间仍保持着其相对独立性，而且股权持有往往是双向的
契约联结	功能性协议	称为无资产性投资的战略联盟。是指企业之间决定在某些具体的领域进行合作。最常见的形式包括：技术交流协议、合作研究开发协议、生产营销协议、产业协调协议等

股权式战略联盟有利于扩大企业的资金实力，更利于长久合作，不足之处是灵活性差。契约式战略联盟具有较好的灵活性，相对于股权式战略联盟而言，契约式战略联盟由于更强调相关企业的协调与默契，从而更具有战略联盟的本质特征。

（五）战略联盟的风险和管控

1. 战略联盟的风险

虽然战略联盟能够兼顾并购战略与新建战略的优点，但是相对并购战略，战略联盟企业之间的关系比较松散，如果管控不到位，可能会导致更多地体现了并购与新建战略各自的缺点。许多战略联盟最后都以失败而告终，有些战略联盟即使曾经非常成功，最终还是走向了失败。每种战略联盟都存在一定的风险。参与联盟的公司之间可能存在欺骗行为（见表3-5）。

表 3-5　战略联盟中的欺骗行为

逆向选择	潜在合作伙伴夸大自己能为联盟带来的技术、能力和其他资源
道德风险	合作伙伴为联盟提供的技术、能力等资源品质低于原先承诺的
敲竹杠	伙伴不当利用联盟中其他成员的交易专用性投资

京东与沃尔玛的跨国战略联盟

2016年6月20日，京东和沃尔玛宣布达成深度战略合作，京东向沃尔玛新发售1.45亿股A类普通股，交易完成后，沃尔玛持有京东约5%的股份。根据合作内容，京东将拥有沃尔玛全资控股的1号商城主要资产，包括"1号店"的品牌、网站、App；而沃尔玛将继续经营1号店自营业务，并入驻1号商城，并将在中国的实体门店接入京东集团投资的中国最大的众包物流平台"达达"和O2O电商平台"京东到家"，并成为其重点合作伙伴，以通过整合双方在电商和零售领域的巨大优势，共同打造全球领先的融合线上线下的零售商业模式。

2016年10月，沃尔玛宣布增持京东A类普通股至10.8%，并获得京东董事会观察员资格。2016年"双11"前，双方在业务层开展一系列实质性深度合作——沃尔玛旗下山姆会员商店独家入驻京东，全球官方旗舰店也入驻京东全球购，并以5 000万美元战略投资京东旗下即时物流和生鲜商超O2O平台"新达达"，以整合双方在O2O到家服务、物流和零售领域的优势。截至2016年12月31日，沃尔玛共持有京东A类普通股的12.1%，取代高瓴资本成为京东第三大股东。

京东与沃尔玛的跨国战略联盟有如下好处。

第一，实现资源互补。京东与沃尔玛供应链互通，为中国消费者提供更丰富的产品选择。

第二，快速拓展市场和提高市场占有率。1号店在食品杂货、家居产品等品类的优势和在中国华东、华南地区的优质口碑能互补于京东的品类和区域覆盖。京东通过与沃尔玛合作而拥有1号店的主要资产，将强化京东在杂货、家居产品等品类的话语权，提升京东的市场占有率。

第三，有效应对国内外竞争。沃尔玛O2O业务发展面临困境，并受到来自亚马逊和天猫超市等为主的线上竞争对手的直接竞争，沃尔玛可借助京东所拥有的线上流量、配送效率和用户运营等优势提升短板，有效应对竞争。

第四，顺应新零售发展趋势。"新零售"实际上是线上服务、线下体验及现代物流进行深度融合的零售新模式。虽然沃尔玛在供应链及线下资源的优势很大，但缺少线上流量和高效物流的依托，难以在"新零售"的竞争中站稳脚跟；而京东则缺乏庞大的线下实体零售店和供应链。因此，京东与沃尔玛通过战略合作，可以有效整合线上流量和线下供应链，以顺应新零售发展的浪潮。

京东与沃尔玛的跨国战略联盟存在以下风险。

第一，联动物流存在潜在隐患。京东与沃尔玛战略合作，不仅是线上线下互导流量，其中最关键的是打通库存，即库存互通将成为京东和沃尔玛商品资源互通合作的重点方向。但同时，这种库存互通式的联动物流或许会引发潜在的管理风险。

第二，沃尔玛存在全球议价能力和供应链体系优势被学习风险。沃尔玛拥有全球议价能力和供应链体系等无形资产。在战略联盟中，沃尔玛所拥有的自有知名品牌的高品质、低价格商品可进一步借助京东尖端科技和物流系统而提升竞争力，但也须与京东进行分享其议价能力与供应物流平台；供应链体系与议价技巧等无形资产更容易外泄和被学习。

第三，京东存在信息技术硬件设施的劣势。沃尔玛的核心资产是其拥有一整套先进、高效的物流和供应链管理系统。该系统的构建需要长期和巨额资金投入，而维持该庞大网络的IT投入和升级管理费用也非京东可承担的。因此，在信息技术方面的差异可能导致在将来的联盟合作中，沃尔玛占据更加主导和优势的地位。

> 第四，联盟内部存在竞争和合作的不确定性。京东与沃尔玛网上山姆店都旨在为用户提供一站式综合购物平台，虽然能为两者合作提供契机，但也增加主营业务的竞争激烈程度。双方在实现供应链、门店、库存互通的同时，势必将双方用户群打通，即会在一定程度上将各自的客户推给合作伙伴，加之双方经营理念、企业文化存在差异，如果不能妥善处理利润分配、利益分享将可能激发双方的矛盾。
>
> 问题：你如何看待京东与沃尔玛的战略联盟？
>
> 资源来源：徐阳，胡杨子．京东与沃尔玛跨国战略联盟效应与风险分析 [J]. 管理探索，2018（9）：25-26.

因此，怎样订立联盟以及管理联盟，是战略联盟能否实现预期目标的关键。

2. 战略联盟的管控

（1）订立协议。发生纠纷时往往是联盟之间自行商议解决。因此，如何订立协议需要明确一些基本内容。

①严格界定联盟的目标。一些失败的联盟往往是由于协议签订得过于模糊，既没有清楚地指出联盟目标和范围，也没有严格指出企业之间将如何实现互补优势等，因而造成了联盟的形同虚设或者解散。

②周密设计联盟结构。由于战略联盟是两家（或几家）企业各自以独立企业的身份在市场上进行合作，如果不能周密地设计联盟结构，可能会使合作难以奏效。

③准确评估投入的资产。准确评估联盟各方的资产与资本投入是非常重要的。在评估过程中，最容易忽略的是无形资产或资本的投入。

④规定违约责任和解散条款。在联盟协议中，应规定联盟各方的违约责任和解散条件。协议中应该包括一个"重大变化"的条款，也就是当联盟各方遭遇不可抗力事件、国家经济政策变化等情况时，应在联盟协议中规定协议变更或解除的处理方法，以免发生纠纷。

（2）建立合作信任的联盟关系

联盟企业之间必须相互信任，并且以双方利益最大化为导向，而不是以自身利益最大化为导向。当各合作伙伴彼此互不信任时，它们不愿意分享资源，尤其是那些珍贵的资源。联盟关系还将因为信任而更加稳固。相比于国内企业之间的战略联盟而言，跨国战略联盟中的互相信任更加难得，联盟企业之间在政策、文化、法律和制度环境各方面的差异都可能造成合作中的不信任，从而使合作联盟陷入困境。

信任可以降低联盟伙伴之间的监督成本，大大提升联盟成功的可能性，是影响和控制联盟伙伴行为的最有效手段。研究表明，信任可以成为企业有价值的、稀缺的、难以模仿及难以替代的战略资源。

第三节 业务单位战略

业务单位战略，也称竞争战略，它涉及各业务单位的主管及辅助人员。这些经理人员的主要任务是将公司战略所包括的企业目标、发展方向和措施具体化，形成本业务单位具体的竞争与经营战略。

一、基本竞争战略

波特在《竞争战略》一书中把竞争战略（见图3-1）描述为：采取进攻性或防守性行动，在产业中建立起进退有据的地位，成功地对付5种竞争力，从而为公司赢得超常的投资收益。为了达到这一目的，各个公司可以采用的方法是不同的，对每个具体公司来说，其最佳战略是最终反映公司所处的内外部环境的独特产物。

图3-1　波特的基本竞争战略

（一）成本领先战略

迈克尔·A.希特（Michael A. Hitt）认为，成本领先战略是采取一整套行动，与竞争对手相比，以最低的成本提供具有某种特性的产品或服务，这种特性是被消费者所接受的。成本领先战略应该体现为产品相对于竞争对手而言的低价格。但是，成本领先战略并不意味着仅仅获得短期成本优势或者仅仅是削减成本，它是一个"可持续成本领先"的概念，即企业通过其低成本地位来获得持久的竞争优势。

小米科技的成本领先战略

小米科技有限责任公司，简称小米科技，成立于2010年3月，是一家专注于智能硬件和电子产品研发的全球化移动互联网企业，同时也是一家专注于高端智能手机、联网电视及智能家居生态链建设的创新型科技企业。小米科技2018年7月9日在中国香港交易所主板挂牌上市，在创立初期凭借其成本领先战略形成了自身独特的竞争优势，并且取得了非常可观的成绩，发展速度远远超过同类行业。

2019年，小米首次进入《财富》世界500强，成为榜单中最年轻的500强公司。小米还首次进入了Brand ZTM的全球品牌TOP100，排名74位。其生产的智能电视也首度拿下了中国市场的全年第一,并且创造了中国市场单品牌出货量首次突破1000万台的纪录。不仅如此,小米集团的营业收入一直处于稳健增长的状态,2019年小米集团营业收入首次突破2000亿元,达2058亿元,同比增长17.7%。尤其是在中美贸易战和全球经济下滑的大背景下,小米依然实现了业内罕见的增长。

在产品的成本策略方面,小米在初期发展时,由于资金有限,所以将企业的主要人力、物力、资金等主要资源都集中在了软件开发和营销宣传方面,将产品的生产外包给其他企业,这一模式使小米公司在发展初期就将成本控制在了较低的水平,并且保证了产品质量,成功让小米走了"高性价比"的路线,快速提高了市场占有率。

在产品的研发方面,小米拥有一支独立且专业的研发团队,拥有自主研发的独特MIUI操作系统;并且采用平台—社群的商业模式,创建了"米聊"社区,独特的系统和软件设计给客户与众不同的体验,小米的用户可以直接在社区分享自己的使用体验和提出一些建议,MIUI的开发团队也会在MIUI论坛上直接与用户交流,及时了解到用户反馈并持续对系统做出改进,在一定程度上避免企业研发成功但用户体验感不太好的后果,从而节省了不必要的研发费用。并且,让用户参与到系统开发当中的这种模式,也可以让用户感受到小米对用户的重视,从而增加用户对小米品牌的认可度,提升用户的回购率,增加产品的销量。

在产品的销售方面,从企业成立一直到2017年,小米的产品仅通过小米官网、天猫的小米旗舰店以及京东的小米旗舰店等线上方式进行销售,线上销售方式为企业节省了相关人力的销售成本以及实体店的租金等营销成本。网络订购模式可以使小米提前拿到大量的预付款,不会产生库存积压的现象,节省了相应的仓储成本和库存费用。

小米还十分擅长"饥饿营销"的方式,在产品公开上市之前,利用线上预售、秒杀等方式来进行销售,短短几分钟商品就会被一抢而空,造成一种市场上小米产品供不应求的假象,充分利用了消费者好奇心和虚荣心的心理因素来实现产品的销售,通过较低的销售成本实现了非常可观的销售成果,大大节省了企业的销售成本。

资源来源:乔亚润,黄晶晶.杜邦分析法下的成本领先战略分析——以小米科技为例[J].中国集体经济,2021(6):68-70.

1. 采用成本领先战略的优势

(1) 形成进入障碍

企业的生产经营成本低,为产业的潜在进入者设置了较高的进入障碍。那些缺乏规模经济的企业很难进入产业。

(2) 增强讨价还价能力

采用成本领先战略的公司采购批量往往较大,因而对供应商的议价能力强;因为产品价格低,可以提高自己对购买者的讨价还价的能力。

（3）降低替代品的威胁

企业可以凭借低成本的产品或服务吸引大量的顾客，降低替代品的威胁。

（4）保持领先的竞争地位

由于规模经济，企业的市场份额往往较高；而且由于成本低，可以在其竞争对手毫无利润的低价格水平上保持盈利，保持竞争优势。

2. 成本领先战略的实施条件

（1）市场情况

从市场情况考察，成本领先战略主要适用于以下一些情况。

①产品具有较高的价格弹性，市场中存在大量的价格敏感用户。

②产业中所有企业的产品都是标准化的产品，产品难以实现差异化。

③购买者不太关注品牌，大多数购买者以同样的方式使用产品。

④价格竞争是市场竞争的主要手段，消费者的转换成本较低。

（2）资源和能力

①采用成本领先战略的公司往往具有规模经济。

②降低各种要素成本。为了保持成本领先，试图以较低的成本获得各种生产要素。

③提高生产率。采用新的技术、工艺或流程和充分利用学习曲线，都是提高生产率的必要手段。

④改进产品工艺设计。产品设计对产品成本具有重要影响，因此，成本控制必须从产品设计开始。

⑤提高生产能力利用程度。生产能力利用程度决定了分摊在单位产品上的固定成本的多少。

⑥选择适宜的交易组织形式。生产所需的原材料、零部件自制还是外购，也是企业努力降低成本的重要举措。

⑦重点集聚。即采用集中成本领先。

3. 采取成本领先战略的风险

（1）技术的变化可能使过去用于降低成本的投资（如扩大规模、工艺革新等）与积累的经验一笔勾销。

（2）产业的新加入者或追随者通过模仿或者以高技术水平设施的投资能力，达到同样甚至更低的成本水平。

（3）市场需求从注重价格转向注重产品的品牌形象，使得企业原有的优势变为劣势。

（二）差异化战略

差异化战略是指企业向顾客提供的产品和服务在产业范围内独具特色，这种特色可以给产品带来额外的加价。如果一个企业的产品或服务的溢出价格超过因其独特性所增加的成本，那么，拥有这种差异化的企业将获得竞争优势。

路易·威登皮具的竞争战略

路易·威登创立于1854年,创始人为路易·威登本人。路易·威登的创立最初起源于皇室。当时正值拿破仑二世登基,法国版图的扩大及交通的便利激起了拿破仑乌捷妮皇后游历欧洲的兴趣。此时路易·威登凭借自己多年的手艺,把皇后的衣装巧妙地绑在旅行箱内,解除了皇室出行时的困扰,便因此很快受到皇室的重用。后来他结束了为宫廷服务的工作,以"路易·威登"名义,以巴黎创办了首间皮具店。路易·威登浸润着王室的贵气,以王者的风范站在奢侈品行业的顶端。

路易·威登箱包制作工艺考究,面料选择严格,奠定了路易·威登产品经久不衰的品质基础。路易·威登制作流程经典,制作一个皮包的平均操作次数是250次。皮具用十几年还是完好如初。路易·威登包全部在法国本土生产,再运到世界各个地方。

路易·威登与知名设计师合作。路易·威登邀请有名的设计师来设计交织字母标志的箱包新款式。

路易·威登时装和皮具2020年、2021年、2022年的营业利润率为33.9%、41.6%、40.6%。

问题:路易·威登的箱包采取何种竞争战略?为什么?

资料来源:路易·威登官网.

贵州茅台的竞争战略

茅台运用了其独特的历史文化,以及地域优势将其品牌定位为国酒、绿色食品、世界上最好的蒸馏酒之一。茅台系列的产品非常精简。

茅台酒的高毛利(见表3-6、表3-7)主要源自其差异化战略。所谓差异化战略,就是生产与竞争对手不同的产品,从而导致竞争对手的产品不能够完全替代本企业产品。茅台酒一直被誉为"国酒茅台",自1915年获"巴拿马万国博览会"金奖之后,茅台酒先后获得国内外数不胜数的大奖,这也足以将茅台酒和其他白酒相区分,给茅台带来差异化的竞争优势和定价能力。

表3-6 2012年三家公司的利润表结构(%)

项目	宝钢股份	上汽集团	贵州茅台
营业总收入	100	100	100
营业成本	92.36	83.28	7.73
营业税金及附加	0.16	1.66	9.72
销售费用	1.00	5.66	4.63
管理费用	3.78	3.85	8.33
财务费用	0.22	-0.02	-1.59

续表

项 目	宝钢股份	上汽集团	贵州茅台
营业利润	1.88	8.18	71.18
净利润	5.45	6.97	52.95

资料来源：国泰安数据库．

表 3-7 贵州茅台毛利率和净利率（%）

年 份	2021	2020	2019	2018	2017	2016	2015	2014	2013
销售毛利率	91.5	91.4	91.3	91.1	89.8	91.2	92.2	92.6	92.9
销售净利率	52.5	52.2	51.5	51.4	49.8	46.1	50.4	51.5	51.6

数据来源：国泰安数据库．

问题：茅台的竞争战略是何种类型？为什么？

1. 采用差异化战略的优势

（1）形成进入障碍。由于产品的独特性，顾客对该产品形成了很高的忠诚度，从而使该产品具有很高的进入障碍。

（2）降低顾客敏感程度。差异化的产品或者服务往往价格较高，所以必须用产品或服务的特色降低顾客对价格的敏感程度。

（3）增强讨价还价能力。采用差异化战略的公司具有较高的利润率，面对投入价格的波动，企业具有较高的安全边际；由于产品的特色，企业对消费者的议价能力较强。

（4）防止替代品威胁。差异化战略通过提高产品的性能来提高产品的性价比，从而抵御替代品的威胁。

2. 差异化战略的实施条件

（1）市场情况

①顾客对价格是不敏感的。

②产品能够充分地实现差异化，且为顾客所认可。

③消费者关注品牌。

④消费者的转换成本较高。

（2）资源和能力

①具有强大的研发和产品设计能力。

②具有很强的市场营销能力。

③有能够确保激励员工创造性的激励体制、管理体制和良好的创造性文化。

④具有从总体上提高某项经营业务的质量、树立产品形象、保持先进技术和建立完善分销渠道的能力。

3. 采取差异化战略的风险

（1）企业形成产品差别化的成本过高。顾客认为实施差异化的企业与成本领先者的价格过于悬殊，企业很难经受竞争者的挑战，因为竞争对手提供的产品在性价比上更能满足顾客需求。

（2）市场需求发生变化。消费者需要的产品差异化的程度下降，使企业失去竞争优势。

（3）竞争对手的模仿和进攻使已建立的差异缩小。

（三）集中化战略

集中化战略是针对某一特定购买群体、产品细分市场或区域市场，采用成本领先或产品差异化来获取竞争优势的战略。集中化战略一般是中小企业采用的战略，可分为两类：集中成本领先战略和集中差异战略。

瑞典宜家家居的竞争战略

宜家是一家创立于瑞典的、以私有家居用品为主的零售企业，宜家共有10 000多种产品供顾客选择。宜家开设巨大的市郊商店且有大量的停车场。

宜家的愿景是"低价的完美设计和实用功能"，既讲究款式又要求低价的年轻消费者构成了宜家公司的目标市场。

宜家从以下几方面保证低价格：先定价再设计，在设计产品之前，宜家就已经为产品设定了销售价格和成本；不同的模块根据成本在不同的地区生产；采用平板式包装，绝大多数的宜家产品都被设计成可以分拆运输的结构，外包装是平板，平板式包装所带来的成本节省非常可观；宜家只提供有限的服务，宜家放弃了销售员贴身服务顾客的销售方式，采取店内展示的自助式服务，产品由顾客自行运送回家并自主安装。在商场入口处，宜家为顾客提供商品目录、卷尺、笔和记录用纸，每件物品上贴有商品的名称、价格、尺寸、原料、颜色、注意事项等。

宜家为了给顾客适宜的产品，必须寻找既低价又能保证质量的供应商。

问题：宜家采用何种竞争战略？为什么？

资料来源：宜家官网．

日本 YKK 的集中差异化战略

YKK 是公司英文名称的缩写，也是产品的注册商标。YKK，只卖一条拉链，生存了近百年，营业额超50亿美元；年产拉链80亿条，长度相当于190万千米，可绕地球47圈。YKK 的日本市场份额95%，全球份额50%。

YKK 被缝在太空服上，随美国宇航员登月而一举闻名。

高质量是 YKK 的卖点。高端产品在 YKK 拉链业务的占比超过80%。从销售的数据也能反映出来：YKK 公司的拉链产量占全球约 1/4，但产值却占全球市场的大约 45%。

早在 2010 年，YKK 在华公开的专利就有 600 余项，仅在拉链及相关行业的发明专利就有 300 多件。

问题：YKK 采用何种竞争战略？为什么？

资料来源：拉链接巨头 YKK 的生意经 [J]. 国企管理，2019（7）：60.

1. 采用集中化战略的优势

（1）成本领先和差异化战略抵御产业 5 种竞争力的优势也都能在集中化战略中体现出来。

（2）可以增强中小企业相对的竞争优势。

（3）即使是对于大企业来说，采用集中战略避免与竞争对手正面冲突，使企业处于一个竞争的缓冲地带。

2. 集中化战略的实施条件

（1）购买者群体之间在需求上存在差异。

（2）目标市场在市场容量、成长速度、获利能力、竞争强度等方面具有相对的吸引力。

（3）在目标市场上，没有其他竞争对手采用类似的战略。

（4）企业资源和能力有限，难以在整个产业实现成本领先或差异化，只能选定个别细分市场。

3. 采取集中化战略的风险

（1）狭小的目标市场导致的风险。

（2）购买者群体之间需求差异变小。

（3）竞争对手的进入与竞争。

二、基本竞争战略的"战略钟"分析

企业遇到的实际情况比较复杂，并不能简单地归纳为应该采取哪一种基本战略。克利夫·鲍曼（Cliff Bowman）将这些问题收入到一个体系内，并称这一体系为"战略钟"（见图 3-2）。战略钟将产品的价格作为横坐标，顾客对产品认可的价值作为纵坐标，然后将企业可能的竞争战略选择在这一平面上用 8 种途径表现出来。

1. 成本领先战略

低价低值战略（途径 1）：看似没有吸引力，却有很多公司按这一路线经营得很成功。这时，企业关注的是对价格非常敏感的细分市场，在这些细分市场中，虽然顾客认识到产品或服务的质量很低，但他们买不起或不愿买更好质量的商品。低价低值战略是一种很有生命力的战略，尤其是在面对收入水平较低的消费群体。途径 1 可以看成是一种集中成本领先战略。

低价战略（途径2）：企业寻求成本领先战略时常用的典型途径，即在降低价格的同时，努力保持产品或服务的质量不变。

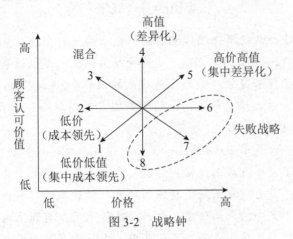

图 3-2　战略钟

2. 差异化战略

高值战略（途径4）：广泛使用的战略，即以相同或略高于竞争者的价格向顾客提供高于竞争对手的顾客认可价值。

高值高价战略（途径5）：以特别高的价格为顾客提供更高的认可价值。面对高收入消费者群体时很有效，因为产品或服务的价格本身也是消费者经济实力的象征。这是一种集中差异化战略。

3. 混合战略

混合战略是指途径3，为顾客提供更高的认可价值的同时，获得成本优势。以下一些因素会导致一个企业同时获得两种优势：

（1）提供高质量产品的公司会增加市场份额，而这又会因规模经济而降低平均成本。其结果是，公司可同时在该产业取得高质量和低成本的定位。

（2）高质量产品的累积经验降低成本的速度比低质量产品快。生产高质量商品因经验曲线而降低平均成本。

（3）注重提高生产效率可以在高质量产品的生产过程中降低成本。

4. 失败的战略

途径6：提高价格，但不为顾客提供更高的认可价值。

途径7是途径6的更危险延伸，降低产品或服务的顾客认可价值，同时却在提高相应的价格。除非企业处于垄断的地位，否则不可能维持这样的战略。

途径8：在保持价格不变的同时降低顾客认可的价值，这同样是一种危险的战略，虽然它具有一定的隐蔽性，在短期内不被那些消费层次较低的顾客所察觉，但是这种战略是不能持久的，因为有竞争对手提供的优质产品作为参照，顾客终究会辨别出产品的优劣。

丰田的混合战略

丰田汽车是全球公认的商业领域尤其是制造业的标杆企业,凭借其强大的竞争优势在2008年超越美国通用汽车(GM)成为世界第一大汽车制造商。

丰田汽车的竞争优势是经过长期发展建立起来的。20世纪30年代,丰田汽车在创始初期并不具备竞争优势,也是通过仿制美国克莱斯勒公司的Airflow型车,才得以推出了自己的类似产品丰田A1型车。

日本丰田的第一台汽车1936年问世,比欧美汽车公司起步整整晚了40年,但丰田后来居上,步入了世界汽车三大巨头的行列。其竞争优势表现为不断进化企业组织能力,做到差异化,成为汽车产业中兼顾高品质与低成本的标杆企业。其竞争优势本质上是形成了一整套优秀的产品研发、生产、销售体系,有能力迅速地为消费者提供价格低廉、品种多样、品质优良的产品,其中,重量级产品研发经理制度、稳定高效的供应链、接近零库存的JIT准时生产系统等是该体系的重要组成部分。

丰田于20世纪90年代末着手模块化战略布局,是日本汽车企业率先实施模块化的代表。为进一步强化模块化战略的总成本领先与差异化战略组合性质,同时增强低成本与差异化的竞争优势,丰田进一步调整并完善模块化战略。2012年,丰田首次提出"丰田新全球构架"(Toyota New Global Architecture,下文简称TNGA)战略为中长期内的最主要的新战略改革。TNGA战略是丰田未来动力系统与汽车研发的基础,对丰田的设计、研发和生产体系与流程再次进行了重大的革新,包括全新的战略理念以及与之相对应的新设计、研发与生产体系。

问题:你如何看待丰田的竞争战略?

资源来源:田鑫.丰田汽车竞争优势研究:对中国高质量发展的启示.现代管理科学,2019(4):18-21.

第四节 国际化战略

随着全球经济的快速发展,国与国之间的经济关系正在摆脱原来那种相互隔离的局面。实施国际化战略的企业着眼于世界市场和世界资源分布,以全球化的视野和眼光来优化企业的经营活动,将世界各国的市场连为一体,建立国际化销售网络,经营全球性生产业务,从而在全球范围内优化资源配置,增强竞争实力。

一、企业国际化经营动因

学者对企业为什么要国际化经营提出了很多理论和主张,最具代表性的,是联合国贸易和发展会议(UNCTAD)于2006年在《世界投资报告》中所提出的影响企业国际化经营决策的四大动机。

(1) 寻求市场。联合国贸易和发展会议于 2006 年在《世界投资报告》中指出，在发展中国家企业对外投资动机中，最重要的是寻求市场型的外国直接投资。

(2) 寻求效率。寻求效率的投资往往基于两个方面的驱动因素，一是投资国生产成本上涨，特别是劳动力成本。二是发展中国家公司所面临的竞争压力正在推动它们向海外扩展。

(3) 寻求资源。任何国家的经济发展都离不开自然资源，早期的跨国投资很大程度上集中于对弱国自然资源的获取。近年来，许多发展中国家因经济高速增长出现资源短缺，寻求资源就成为这些国家企业国际化经营的动因。

(4) 寻求现成资产。其主要动机是主动获取发达国家企业的品牌、先进技术与管理经验、资金、规模经济等现成资产。

二、公司层国际化战略

当公司跨国家或者跨地区销售多元化产品时，就需要采用公司层国际化战略。由公司总部来指导公司层战略，而业务层和外国子公司管理者根据战略类型提供大量支持。企业国际化经营的战略基本上有 4 种类型，即国际战略、多国本土化战略、全球化战略与跨国战略。

这 4 种战略可以通过"全球协作"的程度和"本土独立性和适应能力"的程度所构成的两维坐标上体现出来，如图 3-3 所示。

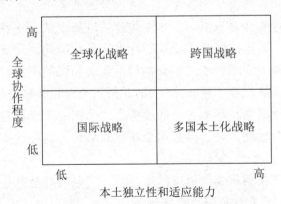

图 3-3　国际化经营的战略类型

(一) 国际战略

国际战略是指企业将其具有价值的产品与技能转移到国外市场，以创造价值的举措。大部分企业采用国际战略，是转移其在母国所开发出的具有竞争优势的产品到海外市场，从而创造价值。

在这种情况下，企业多把产品开发的职能留在母国，而在东道国建立制造和营销职能。在大多数的国际化企业中，企业总部一般严格地控制产品与市场战略的决策权。

（二）多国本土化战略

多国本土化战略是指企业将战略和业务决策权分配到各个国家或地区的战略业务单元，从而使得每个单元有机会提供当地本土化产品。在这一战略下，企业对本土迅速反应的需求较高，而对全球整合的需求较低。影响这些需求的原因在于，企业认为每个国家的消费者的需要和需求、行业状况（竞争者的数量和类型）、政治法律结构和社会标准都各不相同。因此，多国化战略侧重于按照国界将不同的竞争市场分割开来。当企业所服务的市场和消费者的需求存在巨大差异时，采用多国本土化战略是最为合适的。

因为企业会关注当地顾客的需求，因此多国本土化战略的应用通常会扩大本地市场份额。但是，由于市场的差异化、分散化以及不同国家业务单元采用的战略不同，公司作为一个整体却仅能得到极少的共享资源。另外，多国化战略不利于公司实现规模效益，因而需要更高的成本。

联合利华公司是欧洲的一家大型消费品公司，产品销售到180个国家和地区。企业拥有400多个世界品牌，分为三大类：食品、家庭护理和个人护理。联合利华公司将决策权高度分散以管理其全球品牌。这种方法使不同市场的本地管理者有权决定生产特定的商品以满足消费者的特定需求。然而，最近联合利华决定采取新的方法使独立的子公司之间的关系更为协调，以建立一个更为强大的全球商标形象。这样一来，联合利华公司可能会将多国本土化战略转变为跨国战略。

（三）全球化战略

全球化战略是由企业总部决定各个国家或地区的业务单元所要采用的战略业务。该战略意味着企业的全球整合需求高，而本土快速反应需求低。这些需求表明与多国化战略相比，全球化战略在各国之间寻求更高层次的产品标准化。企业通过全球化战略，满足世界各地相似的消费者需求，生产和分销相同或者相似的产品，从而建立规模经济。当企业所服务市场和消费者之间的差别不大时，采用全球化战略是最有效的。

宜家运用了全球化战略，集中了一些业务活动，例如设计和包装活动。它整合和集中了公司价值链的部分辅助活动。当采用全球化战略时，这样的集中和整合会给公司带来一定的收益。

宜家创办于瑞典，在销售物美价廉的家具时，采取的是全球化战略。和大多数追求此类战略的公司一样，宜家注重提高全球效率。

宜家采取了一种独特的方法，通过高效包装来减少航运重量。高效包装及低运输成本"是宜家保持平价的关键所在"。2011年，宜家将其比约斯餐桌的桌腿做成空心的，以减少重量，降低原材料成本，也降低了销售价格（从279欧元削减到199欧元）。"宜家并不会等到产品都成型准备出售了才想着怎么改善它，而是在一开始就已经设计好包装和制造的蓝图。"

宜家已经拥有了315家店铺，在2015年，它计划新开13家分店。它还计划在印度买地，开当地的第一家分店。宜家还将致力于线上销售，目前在13个国家和地区有线上销售（而宜家的实体分店遍布27个国家和地区）。2013年网站访问量为2亿次，而2014年则激增为15亿次，这已经超过了实体店的客流量。

宜家还致力于发展城市中心的商店，这类商店里的产品数量比起郊区商店会更少。不过，郊区商店可能仍然会是宜家的重点发展店面。宜家的郊区商店所在地都尽可能地靠近交通枢纽，步行就可到达。

虽然宜家注重效率，不过它也舍得花大量时间和精力研究每个国家的市场进入模式。它专注于中产阶级顾客群壮大的地区，目前已经进入了中国市场，并正打算进入印度和巴西市场，这几个经济体里的中产阶级群体都正在壮大。在这些国家里，宜家注重的仍然是"平板包装、运输、重新组装其瑞典风格的家具"。

宜家最新的战略之一是改善其形象，走可持续发展的道路。它的商店顶部覆盖着太阳能面板，宜家零售和其他部分的可再生电能的消耗由2021年的71%增加到2022年的76%，有24个宜家零售商场消耗的是100%可再生电能。生产中可再生电能的消耗由2021年的52%增加到2022年的64%。宜家回收利用了家具的边角料和包装中用到的软塑料膜，用这些材料来制作斯库特桌垫并出售。它开始将店里所有的灯泡都换成LED型的，并销售太阳能电池板。通过这一战略，宜家被认为是具有社会责任感和环保意识的公司。不过，在全球化的过程中，宜家同时也需要注意降低成本。

（四）跨国战略

跨国战略使企业可以实现全球化的效率和本土化的敏捷反应的统一。全球化竞争者的增多，加强了对成本削减的需求。同时市场复杂程度不断提高，生产针对顾客个性化需求的压力也越来越大，这要求企业将产品差异化，甚至是针对本地市场进行本土化。文化和制度环境的差异也要求企业根据当地环境调整产品和运营方式。

卡夫食品公司决定拆分为北美食品杂货业务和全球零食业务两个独立公司，以便专注于增长迅速的零食业务。全球零食公司启用了新名字——亿滋国际，该公司80%的销售额都来自外国市场。亿滋国际2022年的收入为314.96亿美元，是全球闻名的品牌。它将全球整合经营进行标准化，同时发展和营销当地的品牌来满足顾客的独特需求。亿滋国际公司是饼干、巧克力、糖果、速溶饮料等食品行业的全球市场领先者，同时也是世界第二大口香糖和咖啡巨头。公司约45%的销售额来自快速增长的新兴市场，为新兴市场量身设计当地品牌。亿滋中国旗下拥有奥利奥、趣多多、优冠、闲趣、王子、太平、乐之、怡口莲等多个为中国消费者所熟知且喜爱的品牌。

复习思考题

1. 什么是公司战略？类型有哪些？
2. 用哪些方法可以实现成本领先战略？
3. 用哪些方法可以实现差异化战略？
4. 简述公司多元化的5个原因。

5. 多元化的风险有哪些?
6. 什么是竞争战略?类型有哪些?
7. 成本领先战略和差异化战略要想获得成功,必须满足哪些条件?
8. 简述企业通过并购战略取得竞争优势的原因。
9. 什么是战略联盟?战略联盟有哪些形式?企业为什么要加入联盟?
10. 企业为什么要参与国际化经营?当前国际经济背景为我国企业进行国际化扩张提供了哪些机遇和挑战?
11. 描述 3 种国际化战略。
12. 描述管理战略联盟的两种基本方法。
13. 企业并购的类型有哪些?
14. 企业并购的风险有哪些?
15. 战略联盟存在哪些风险?

即 测 即 练

第四章 战略实施

学习目标

1. 熟悉常见的组织结构模式;
2. 掌握公司战略与组织结构的关系;
3. 了解企业文化的类型;
4. 理解文化与战略实施的关系;
5. 理解平衡计分卡的业绩衡量方法。

基本内容框架

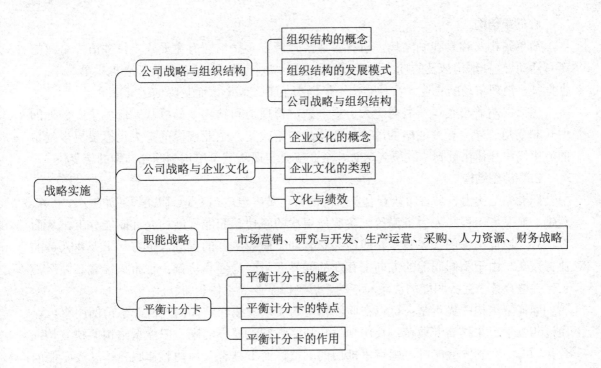

第一节　公司战略与组织结构

一、组织结构的概念

组织结构,是企业正式的报告关系机制、程序机制、监督和治理机制及授权和决策过程。组织结构不仅是战略实施的主要工具,而且从一开始就影响了战略的形成和选择过程。

二、组织结构的发展模式

3种主要组织结构是:简单结构、职能型结构和多部门结构。一直以来,成功的企业都是从简单结构转向职能型结构再到多部门结构,来支持其发展战略的改变(见图4-1)。

图4-1　组织结构的发展模式

1. 简单结构

简单结构又称直线制结构。所有者兼经营者直接做出所有主要决定,并监控企业的所有活动。这种结构涉及的任务不多,分工很少,规则也很少。简单结构适合提供单一产品,占据某一地理市场的企业。这种结构不仅提高了工作效率,而且降低了管理费用。

然而,随着小企业发展得更大、更复杂,管理上和结构上的挑战就产生了。额外的增长和成功可能会导致战略的改变,即使战略不改变,企业规模的扩大也需要更多复杂的流水线和一体化机制,发展到这时,企业就要实现从简单结构到职能结构的转变。

2. 职能型结构

职能型结构由一名首席执行官及有限的公司员工组成,在重点职能领域如生产、财务、营销、研发、工程和人力资源等配备职能层次的经理。职能型结构允许职能分工,从而方便各个职能内部的知识共享。职能共享有助于职业生涯的提升,也有利于专业人员的业务发展。由于不同职能的方向上存在的差异会阻碍沟通和协调,首席执行官必须努力工作并整合各个业务职能的决策和行动,以确保企业的整体利益。

职能型结构的优点是:可以在职能范围内实现规模经济,同一职能部门的同事可以通过相互学习来提高专业度;集中地进行战略控制;权责清晰。职能型结构的缺点是:合作困难;在制定战略时更强调本部门的利益,而不具有公司的整体眼光;导致职能间发生冲突。

职能型结构有利于多元化水平较低的业务层战略和一些公司层战略(如单一业务或主导业务),见图4-2。

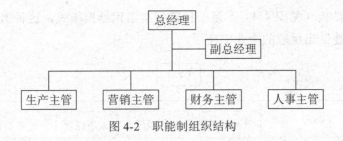

图4-2 职能制组织结构

3. 多部门结构

随着不断的成长和成功，企业经常会考虑实施更高层次的多元化。职能结构在多元化层次更高时，导致了严重的协调和控制问题。因此，多元化程度通常指向一种新的组织结构形式。

多部门组织结构的优点是：集中关注业务领域；解决了职能合作问题；可以衡量部门的业绩；能够培育未来的高级经理。多部门组织结构的缺点是：职能重复，并提高了管理费用；形成了各部门之间的利益冲突；与总部关系出现问题。多部门结构又分为事业部制结构、混合结构和母子公司结构。

钱德勒（Chandler）把多部门结构看作在20世纪20年代大型企业（如杜邦公司和通用汽车公司）对其职能结构中暴露出的协调和控制问题所做的创新性反应的产物。研究指出，多部门结构（见图4-3）适用于企业通过多元化来实现成长的时期。一些人认为多部门结构是20世纪最有意义的组织创新之一，一部分原因是多元化公司所创造出的价值。

图4-3 多部门组织结构

4. 矩阵型组织结构

矩阵型组织结构是一种职能型和事业部型相互重叠的混合型组织形式。管理者和员工个人需要向职能经理与事业部经理两个上级汇报。因此，矩阵型组织结构具有双重而非单一的命令系统。

矩阵型组织结构的优点是：为公司目标和战略联合各级员工和所有职能；使更多信息能够被跨职能分享；培养交流，对分组间需要相互依赖的复杂任务特别有价值；通过汇集有关客户需求和组织能力的信息，可以更好地对客户进行响应；激发创造性；引发员工对组织的忠诚。

矩阵型组织结构的缺点是：责任和竞争优先级不清晰；违反统一指挥原则；职责难以界定，需要对其他矩阵成员控制下的结果负责；员工必须应对双重报告，可能会带来冲突和压力；需要额外时间进行会议和其他交流协调工作；需要广泛的合作，但不易进行奖励。

矩阵型组织结构（见图 4-4）不是一种常设型组织结构模式，这种组织结构适合在需要对环境变化迅速做出反应的企业中使用。

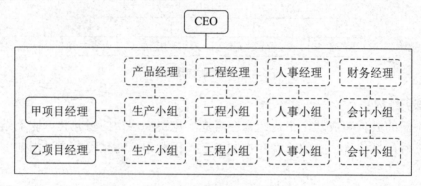

图 4-4　矩阵型组织结构

5.H 形结构（控股公司结构）

控股公司结构（见图 4-5），是指在公司总部下设立若干子公司，公司总部作为母公司对子公司进行控股，承担有限责任。控股公司结构的管理运作主要依据资产纽带，被控股公司具有法人资格。

企业无须负担高额的中央管理费，业务单元能够自负盈亏并从母企业取得较便宜的投资成本，并且在某些国家如果将这些企业看作一个整体，业务单元还能够获得一定的节税收益。控股企业可以将风险分散到多个企业中，但是有时也很容易撤销对个别企业的投资。

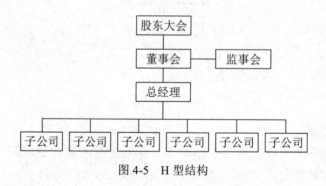

图 4-5　H 型结构

三、公司战略与组织结构

没有哪种组织结构先天地优于其他结构。彼得·德鲁克说："不存在正确的组织……宁愿说，任务是……为手头特定的任务和使命选择组织结构。"德鲁克的意思是，企业必须为特定的战略选择一个"适当的"结构。由于不存在一个在任何情况下都是最优的组织结构，管理者必须专注于战略和组织结构之间的适当匹配，而不是寻找一个"最优的"结构。

（一）组织结构与战略的关系

组织结构的功能在于分工和协调，是保证战略实施的必要手段。在探索战略与结构的关系方面，钱德勒在其经典著作《战略和结构》中，首次提出组织结构服从战略的理论。

战略与结构的关系是受产业经济发展制约的。在不同的发展阶段中，企业应有不同的战略，企业的组织结构也应做出反应。企业最先对经济发展做出反应的是战略，而不是组织结构，即在反应的过程中存在着战略的前导性和结构的滞后性现象。

1. 战略的前导性

企业战略的变化快于组织结构的变化。这是因为，企业一旦意识到外部环境和内部条件的变化提供了新的机会和需求时，首先会在战略上做出反应，以此谋求经济效益的增长。一个新的战略需要有一个新的组织结构，至少在一定程度上调整原来的组织结构。如果组织结构不做出相应的变化，新战略也不会使企业获得更大的效益。

2. 结构的滞后性

企业组织结构的变化常常慢于战略的变化速度，特别是在经济快速发展时期里更是如此。造成这种现象的原因有两种：一是新旧结构交替有一定的时间过程，原有的结构有一定的惯性。二是管理人员的抵制。管理人员在感到组织结构的变化会威胁他们个人的地位、权利，特别是心理上的安全感时，往往会以运用行政管理的方式去抵制需要做出的变革。

（二）组织的战略类型

1978年，雷蒙德·迈尔斯（Raymond Miles）和查尔斯·斯诺（Charles Snow）在《组织战略、结构和方法》指出，企业战略取决于要解决的根本性问题：事业问题、工程问题、行政问题。战略要与环境、技术和结构吻合。

战略的一个重要特性就是适应性，这种适应性是一种复杂的动态调整过程。在选择的过程中，企业可以考虑以下4种类型。

1. 防御型战略组织

防御型组织主要追求一种稳定的环境，试图通过解决开创性问题来达到自己的稳定性。

一般来说，该组织要创造出一种具有高度成本效率的核心技术。防御型组织要开辟的是一种可以预见的、经久不衰的市场，因此，技术效率是组织成功的关键。在行政管理上，防御型组织常常采取"机械式"结构机制。

防御型组织适用于较为稳定的产业。

2. 开拓型战略组织

开拓型组织追求一种更为动态的环境，其能力表现在探索和发现新产品和市场的机会上。

为了正确地服务于变化着的市场，开拓型组织要求它的技术和行政管理具有很大的灵活性。在工程技术问题上，开拓型组织不是局限在现有的技术能力上，而是根据现在和将来的产品结构确定技术能力。

在行政管理方面,开拓型组织奉行的基本原则是灵活性,即在大量分散的单位和目标之间调度和协调资源,不采取集中的计划和控制全部生产的方式。

开拓型组织在不断求变当中可以减少环境动荡的影响,但它要冒利润较低与资源分散的风险。

3. 分析型战略组织

分析型组织是开拓型组织与防御型组织的结合体。这种组织总是对各种战略进行理智的选择,试图以最小的风险、最大的机会获得利润。

分析型组织在定义开创性问题时,综合了上述两种组织的特点,即在寻求新的产品和市场机会的同时,保持传统的产品和市场。在工程技术问题上,需要在保持技术的灵活性与稳定性之间进行平衡。在行政管理方面,分析型组织也带有防御型组织和开拓型组织的两重特点。一般来说,分析型组织在行政管理方面的主要任务是如何区分组织结构的各个方面,以适应既稳定又变动的经营业务,使两种经营业务达到平衡。这个问题可以由矩阵结构解决。

由于其经营业务具有两重性,该组织不得不建立一个双重的技术中心,同时还要管理各种计划系统、控制系统和奖惩系统。这种稳定性与灵活性并存的状态,在一定程度上限制了组织的应变能力。如果分析型组织不能保持战略与结构关系的必要平衡,它最大的危险就是既无效能又无效率。

4. 反应型战略组织

反应型战略组织对外部环境的反应采取一种动荡不定的调整模式,缺少在变化的环境中随机应变的机制。

一个企业组织之所以成为反应型组织,主要有以下3个原因。

(1)决策层没有明文表达企业战略。

(2)管理层次中没有形成可适用于现有战略的组织结构。

(3)只注重保持现有的战略与结构的关系,忽视了外部环境条件的变化。

第二节 公司战略与企业文化

一、企业文化的概念

企业文化是企业成员共有的哲学、意识形态、价值观、信仰、假定、期望态度和道德规范。企业文化代表了企业内部的行为指针,它们不能由契约明确下来,但却制约和规范着企业的管理者和员工。

二、企业文化的类型

查尔斯·汉迪（Charles Handy）在1976年把企业文化从理论上分为4类：权力导向型、角色导向型、任务导向型、人员导向型。

（一）权力导向型

权力导向型企业文化也称宙斯式管理文化。宙斯是众神之王，喜怒无常而又刚愎自用，凡事全凭一己好恶来决定。在这种组织中，处于权力核心的人具有绝对的影响力和话语权。在这样的组织中，很少有法规、程序和官僚主义。面对机会和危险，反应迅速，行动敏捷，但其质量在很大程度上取决于企业经理人员的能力。

这类企业经常被看作是专横和滥用权力的，因此它可能因中层人员的低士气和高流失率而蒙受损失。权力导向型企业文化通常存在于家族式企业和刚开创的企业。

（二）角色导向型

角色导向型企业文化也称阿波罗式管理文化。角色文化可以为组织内部员工提供获得专业技能和专业知识的机会。这种组织的力量在于它内部各个职能部门，当这些部门都能很好地履行自己的职责时，整个组织就会变得强大。这种文化中，个人只是机器的一个零件，是亨利·福特（Henry Ford）梦想中可以随时被替换掉的那一部分，你只要做你分内的事就行了，不用动脑筋去创新。

角色导向型企业文化尽可能追求理性和秩序。这类文化一般是围绕着限定的工作规章和程序建立起来的，理性和逻辑是这一文化的中心，分歧由规章和制度来解决，稳定和体面几乎被看成与能力同等重要。这类企业的权力仍在上层，这类结构十分强调等级和地位。这种企业被称作官僚机构。

角色导向型文化具有稳定性、持续性的优点，企业的变革往往是循序渐进，而不是突变。在稳定环境中，这类文化可能导致高效率，但是，这类企业不太适合动荡的环境。

（三）任务导向型

任务导向型企业文化也称雅典娜式管理文化。雅典娜是一位善于解决问题的巧匠和航海先锋。这种文化认为专家才是权力或影响力的基石。实现目标是任务导向型企业的主导思想，不允许有任何事情阻挡目标的实现。企业强调的是速度和灵活性，专长是个人权力和职权的主要来源。管理者关心的是不断地和成功地解决问题，对不同职能和活动的评估完全依据它们对企业目标做出的贡献。在这种文化中，团队文化、集体攻关的精神非常重要。

这种文化常见于新兴产业中的企业，特别是高科技企业。它具有很强的适应性，个人能高度控制自己分内的工作，在十分动荡或经常变化的环境中会很成功。这种文化也会给企业带来很高的成本。这类企业采用的组织结构往往是矩阵式的，无连续性是这类企业的一个特征。

（四）人员导向型

人员导向型企业文化也称狄奥尼索斯式管理文化。狄奥尼索斯是酒神与歌神，他代表个性管理文化。在这种组织里，个人做他们所擅长的事，并在这些方面受到组织的尊重。

组织存在的目的主要是为其成员的需要服务，这类组织为其专业人员提供他们自己不能为自己提供的服务，职权往往是多余的。员工通过示范和助人精神来互相影响，而不是采用正式的职权。决策中的意见一致是企业所需要的，角色分配的依据是个人的爱好及学习和成长的需要。

这一文化常见于俱乐部、协会、律师事务所、小型乐队、专业团体和小型咨询公司。

三、文化与绩效

企业文化对战略执行起着重要作用，也对公司绩效有着重要影响。文化可能与高绩效相联系，但它又不一定是高绩效的必然原因。

（一）企业文化为企业创造价值的途径

企业文化通过以下三个途径为企业创造价值。

1. 文化简化了信息处理

企业文化中的价值观、行为准则和相应的符号，可以使员工的活动集中于特定范围的安排之中。这使他们没有必要就他们在企业中的工作任务是什么进行讨价还价，因而可以减少决策制定的成本并促进工作的专门化，也使得员工分享工作预期，减少了不确定性。同时，共同的文化，使得在一起工作的员工始终存在共同关注的焦点。

2. 文化补充了正式控制

文化作为集体价值观和行为准则的集合体，在组织中能发挥一种控制功能。文化对员工行动的控制是基于他们对企业的依附，而不是基于激励和监督。

威廉姆·奥奇（Ouchi W.G.）引入了一个"团体控制"的概念来阐述文化对于官僚控制或市场控制模式的替代作用。大多数企业运用市场控制、官僚控制、团体控制三种控制技术的组合。

3. 文化促进合作并减少讨价还价成本

企业文化通过"相互强化"的道德规范，会减轻企业内权力运动的危害效应，这就使得在市场上利己主义的个人之间不可能出现的多方受益的合作行为在企业内部可能出现。

（二）文化、惯性和不良绩效

文化也可能损害企业的绩效。文化与绩效相联系，是因为企业战略成功的一个重要前提是战略与环境相匹配。

在不利的商业环境中，文化的不可管理性将使之成为一种惯性或阻碍变化的来源。

（三）企业文化成为维持竞争优势源泉的条件

杰伊·巴尼（Barney J.B.）给出企业文化可以成为维持竞争优势的源泉的条件：首先，文化必须为企业创造价值；其次，公司文化必须是企业所特有的。如果一个企业的文化和市场上大多数的企业是相同的，它往往反映的是国家或地区文化或一系列行业规范的影响，那么它不可能导致相对竞争优势；最后，企业文化必须是很难被模仿的。

第三节 职能战略

职能战略，又称职能层战略，主要涉及企业内各职能部门，如营销、财务、生产、研发、人力资源、采购等，职能战略为公司层和竞争战略服务，其目标是确保更好地配置企业内部资源，提高组织效率。

一、市场营销战略

市场营销是企业市场营销部门根据公司总体战略与业务单位战略规划，在综合考虑外部市场机会及内部资源状况等因素的基础上，确定目标市场，选择相应的市场营销策略组合，并予以有效实施和控制的过程。

（一）市场细分

市场细分是指企业根据消费者需求的不同，在研究地理因素、人口因素、行为因素等变量的基础上，把整个市场划分成不同的消费者群体的过程。企业进行市场细分的目的是通过对顾客需求差异予以定位，从而抢占市场，获得较大的经济效益。

1. **消费者市场细分**

消费者市场细分的变量主要有地理、人口、心理和行为四类变量。

（1）地理细分。企业按照消费者所在的地理位置以及其他地理变量（包括城市农村、地形气候、交通运输等）来细分消费者市场。

（2）人口细分。人口细分就是企业按照人口变量（包括年龄、性别、收入、职业、教育水平、家庭规模、家庭生命周期阶段、种族、国籍等）来细分消费者市场。

（3）心理细分。心理细分就是企业按照消费者的生活方式、个性等心理变量来细分消费者市场。

（4）行为细分。行为细分就是企业按照消费者购买或使用某种产品的时机、消费者所追求的利益、使用者情况、消费者对某种产品的使用率、消费者对品牌（或商店）的忠诚程度、消费者待购阶段和消费者对产品的态度等行为变量来细分消费者市场。

2. **产业市场细分**

（1）用户的行业类别。不同的最终用户对同一种产业用品的市场营销组合往往有不同的要求。

（2）用户规模。公司建立制度来分别与大顾客和小顾客打交道。

（3）用户的地理位置。企业将目标市场选在用户集中的地区，可节省成本。

（二）目标市场选择

市场细分是选择目标市场的基础。目标市场，就是企业决定要进入的那个细分市场。选择适宜的细分市场，有助于企业发挥优势，取得较好的经济效益。

（三）市场定位

选择目标市场之后，下一步就是找出这些客户有哪些需要，也就是如何确定企业产品的市场定位。

营销大师菲利普·科特勒说："定位就是对公司的产品进行品牌设计，从而使其能在目标顾客心目中占用一个独特的、有价值的位置的行动。"

（四）设计市场营销组合

市场营销组合是4个基本变量，即产品、价格、地点和促销，简称4Ps组合。

1. 产品策略

产品策略包括产品组合策略、品牌与商标策略和产品开发策略。

2. 促销策略

促销的目的在于赢得潜在客户的注意；激发客户的购买欲望和购买行为。企业将其产品或服务的特性传达给预期客户的方式被称为促销组合。

促销组合由4个要素构成。

（1）广告促销。在媒体中投放广告，以此来使潜在客户对企业产品和服务产生良好印象。

（2）营业推广。采用非媒体促销手段，为"鼓励"客户购买产品或服务而设计。

（3）公关宣传。通常是指宣传企业形象，以便为企业及其产品建立良好的公众形象。

（4）人员推销。采用人员推销时，企业的销售代表直接与预期客户进行接触。与广告促销和公关宣传不同，与客户面对面地交谈是一种更积极的方式，因为销售代表能够完整地解释产品的细节，解答客户的问题，适当时还可以演示产品的"用途"。

3. 分销策略

分销策略是确定产品到达客户手上的最佳方式。可获取产品的渠道对于客户对产品的质量感知和状况感知非常重要。分销渠道必须使产品的形象目标与客户的产品感知相符合。

传统的分销方式有直接分销和间接分销。在互联网环境下，分销渠道有线上和线下两种类型。

4. 价格策略

价格策略，是市场营销组合中一个十分关键的组成部分。价格通常是影响交易成败的重要因素，同时又是市场营销组合中最难以确定的因素。企业定价的目标是促进销售，获取利润。这要求企业既要考虑成本的补偿，又要考虑消费者对价格的接受能力，从而使定价策略具有买卖双方双向决策的特征。此外，价格还是市场营销组合中最灵活的因素，它可以对市场做出灵敏的反映。

（1）基本定价方法

①成本导向定价法：以产品单位成本为基本依据，再加上预期利润来确定价格的定价方法。

②竞争导向定价法：企业通过研究竞争对手的生产条件、服务状况、价格水平等因素，依据自身的竞争实力，参考成本和供求状况来确定商品价格的定价方法。

③顾客导向定价法：根据市场需求状况和消费者对产品的感觉差异来确定价格。

（2）产品上市定价法

①渗透定价法：是指在新产品投放市场时确定一个非常低的价格，以便抢占销售渠道和消费者群体，从而使竞争者较难进入市场。这是一个牺牲短期利润来换取长期利润的策略。

②撇脂定价法：是指在新产品上市之初确定较高的价格，并随着生产能力的提高逐渐降低价格。这一方法旨在产品生命周期的早期阶段获取较高的单位利润。

特斯拉的品牌定位

特斯拉成立于2003年，总部设在美国加州的硅谷地带。其创始人是硅谷工程师、资深车迷马丁·艾伯哈德，而投资人是Space X的创始人埃隆·马斯克。

CEO埃隆·马斯克对品牌定位显然有着非常清楚的认识。或许是受到很多公众人物，特别是好莱坞影星热衷丰田混合动力车普锐斯的启发，他将特斯拉电动车定位为高端消费品，而诸如公众人物这类高收入人群则是他的主要目标客户群。理由很简单，在公众环保意识日益增强的今天，对于公众人物来讲，开一部环保的电动车出现在镜头里肯定要比开一部V12的超级跑车来得更体面，更能赢得好感。所以当出现像特斯拉Model S这样的一台性能出众、造型独特的电动车，即便售价高，但一定有许多人愿意为此买单，因而特斯拉就像奢侈品一样有了自己的客户群。

美国底特律是传统汽车制造商的集中地，而特斯拉公司却诞生于并非以汽车业闻名、甚至缺乏重工业的硅谷。这个"硅谷小子"敢于挑战"底特律巨头"，必须不走寻常路。目标客户群自然是具有环保意识的社会名流和高收入精英。和绝大多数电动汽车生产商不同，特斯拉没有从起步的时候就致力于生产"能够进入寻常百姓家"的电动汽车，而是走"高端路线"。

特斯拉制定了"三步走"发展战略。第一步，开发高性能、足够炫酷的运动型电动跑车，定位高端市场。它的第一批目标用户是有环保意识的高收入精英人士，他们注重公众形象，接受特斯拉硅谷基因中的创新精神和冒险精神。第二步，开发豪华品牌的家用电动汽车，竞争产品档次定为奔驰和宝马汽车；第三步，量产低成本的、更

> 经济性的电动汽车，目标客户是普通人群，收入中等的大众。
>
> 问题：你如何认识对定位的重要性？
>
> 资源来源：吴玉峰．特斯拉旋风给中国车企的启示[J]．市场分析，2013（7）：84-87．

二、研究与开发战略

研究与开发（简称研发）被定义为组织层面的企业创新。研究目的在于改良产品或改良流程。基础研究是取得新的科学技术知识或了解的初始研究，没有明显的商业用途或实际目的。应用型研究是指具有明显的商业用途或实际目的的研究。开发型研究是指在开始商业生产运作之前利用现有的科学技术知识来生产新产品或系统。

（一）研发的类型

研发有两种类型：产品研究和流程研究。

（1）产品研究——新产品开发。

（2）流程研究。流程研究关注于生产产品或提供服务的流程，旨在建立有效的流程来节约资金和时间，从而提高生产效率。

（二）研发定位

企业研发战略至少存在 3 种定位。

（1）成为向市场推出新技术产品的企业。这是一个富有魅力的、令人兴奋的战略，但风险较大。

（2）成为成功产品的创新模仿者。这种方法的启动风险和成本最小。这种战略要求企业拥有优秀的研发人员和优秀的营销部门。

（3）成为成功产品的低成本生产者。通过大量生产与新引入的产品相类似、但价格相对低廉的产品来成为低成本生产者。

三、生产运营战略

生产运营战略是企业根据目标市场和产品特点构造其生产运营系统时所遵循的指导思想，以及在这种指导思想下的一系列决策规划、内容和程序。

（一）生产运营战略所涉及的主要因素

所有生产运营流程都涉及转化过程，但是转化过程在四个方面或因素上有所不同，它们分别是批量、种类、需求变动及可见性。

（1）批量。较高的批量能使生产运营流程成为资本密集型流程，单位成本应当较低。较低的批量无法专业化，系统化程度较低，单位产出成本较高。

（2）种类。如果种类繁多，企业的工作会变得较为复杂，并且单位成本较高。如果种类有限，企业的生产运营流程容易标准化，单位成本较低，但企业在适应客户差异化需求时灵活性较差。

（3）需求变动。当需求变动较大时，生产运营会产生产能利用率的问题，因而单位成本可能较高。

（4）可见性。可见性是指生产运营流程为客户所见的程度。许多服务流程都可被客户高度可见。生产运营流程的高可见性高，需要员工具备良好的沟通技巧和人际关系技巧。

（二）产能计划

产能是指企业在指定时间内能够完成的最大工作量。产能计划是指确定企业所需的生产能力以满足其产品不断变化的需求的过程。产能计划的类型包括：

（1）领先策略，根据需求增长的预期增加产能。目标是将客户从企业的竞争者手中吸引过来。

（2）滞后策略，当企业因需求增长而满负荷生产或超额生产后才增加产能。该策略可以降低浪费的风险也可能导致潜在客户流失。

（3）匹配策略，少量增加产能来应对市场需求的变化。

共有三种平衡产能与需求的方法，如图4-6所示。

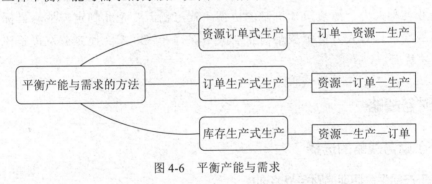

图4-6 平衡产能与需求

四、采购战略

采购是指企业取得所用的材料资源和业务服务的过程。采购对企业产品或服务的成本和质量具有重大影响。

（一）货源策略

1. 单一货源策略

优点：①采购方能与供应商建立较为稳固的关系；②便于信息的保密；③由于进货批量大可享受优惠价格；④随着与供应商的关系的加深，采购方更可能获得高质量的货源。

缺点：①若无其他供应商，则该供应商的议价能力就会增强；②采购方容易受到供应中断的影响；③供应商容易受到订单量变动的影响。

2. 多货源策略

优点：①能够取得更多的知识和专门技术；②一个供应商的供货中断产生的影响较低；③供应商之间的竞争有利于对供应商压价。

缺点：①企业与供应商的联系不稳固；②不利于享受价格优惠；③不利于获得质量保证。

3. 平衡货源策略

企业可综合利用以上两种策略。

五、人力资源战略

阿姆斯特朗（Armstrong）对人力资源管理作了如下描述：它是取得、开发、管理和激发企业的关键资源的一种战略性和一贯性方法，企业借此实现可持续竞争优势的目标。

波特的战略理论认为，企业战略有赖于独特的经营活动，是企业创造的一种独特的价值组合。企业中任何一项经营活动都需要人来执行，任何一项经营活动都不能忽视人的重要因素。因此，人力资源管理是企业经营活动的关键组成部分和重要影响因素。人力资源管理通过招聘、培训、考核、薪酬等各种政策作用于企业各层级管理人员及普通员工，引导正确的人做出正确的行动，得到实际的绩效，最终实现企业的战略目标。要想保证企业各种人力资源政策和机制的协调一致，就需要企业制定与战略目标相一致的人力资源战略。只有人力资源战略与企业战略保持一致，才能使企业发挥整体合力，持续获得竞争优势。

六、财务战略

（一）财务战略的选择

1. 基于产品生命周期的财务战略选择

产品的生命周期理论假设产品都要经过导入期、成长期、成熟期和衰退期四个阶段，企业在产品生命周期不同发展阶段的经营特征如表 4-1 所示。

表 4-1　企业在产品生命周期不同发展阶段的经营特征

	产品生命周期阶段			
	导入期	成长期	成熟期	衰退期
经营风险	非常高	高	中等	低
财务风险	非常低	低	中等	高
资本结构	权益融资	主要是权益融资	权益＋债务融资	权益＋债务融资
资金来源	风险资本	权益投资增加	保留盈余＋债务	债务
股利	不分配	分配率很低	分配率高	全部分配
价格/盈余倍数	非常高	高	中	低
股价	迅速增长	增长并波动	稳定	下降并波动

2. 财务风险与经营风险的搭配

经营风险的大小是由特定的经营战略决定的，财务风险的大小是由资本结构决定的，它们共同决定了企业的总风险。经营风险与财务风险的结合方式，从逻辑上可以划分为四种类型（见图4-7）。

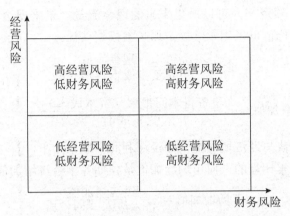

图4-7　经营风险与财务风险的搭配

①高经营风险与高财务风险搭配。这种搭配具有很高的总体风险。这种搭配符合风险投资者的要求，他们只需要投入很小的权益资本，就可以开始冒险活动。这种搭配不符合债权人的要求。因此，事实上这种搭配会因找不到债权人而无法实现。

②高经营风险与低财务风险搭配。这种搭配具有中等程度的总体风险。高经营风险与低财务风险搭配是一种可以同时符合股东和债权人期望的现实搭配。

③低经营风险与高财务风险搭配。这种搭配上有中等的总体风险，是一种可以同时符合股东和债权人期望的现实搭配。

④低经营风险与低财务风险搭配。这种搭配具有很低的总体风险。对于债权人来说，是理想的资本结构，可放心为它提供贷款。对于权益投资人来说很难认同，其投资资本报酬率和财务杠杆都较低，自然权益报酬率也不会高。

更大的问题是，这种资本结构的企业是理想的收购目标，绝大部分成功的收购都以这种企业为对象。因此，低经营风险与低财务风险搭配，不符合权益投资人的期望，是一种不现实的搭配。

综上所述，经营风险与财务风险反向搭配是制定资本结构的一项战略性原则。产品或企业的不同发展阶段有不同的经营风险，企业应采用不同的财务战略。

3. 基于创造价值或增长率的财务战略选择

（1）影响价值创造的主要因素

①企业的市场增加值

计量企业价值变动的指标是企业的市场增加值，即特定时点的企业资本的市场价值与占用资本的差额，简称"市场增加值"。

$$企业市场增加值 = 企业资本市场价值 - 企业占用资本$$

②权益增加值与债务增加值

$$\text{企业市场增加值} = \text{权益增加值} + \text{债务增加值}$$

债务增加值是由于利率变化引起的。利率变化为企业不可控因素,所以在考核管理者业绩时应扣除。因此,增加企业价值就等于增加股东价值。

③影响企业市场增加值的因素

假设企业也是一项资产,可以产生未来的现金流量,未来现金流量永远以固定的增长率增长,则企业的价值可以用永续固定增长率模型估计:

$$\text{企业价值} = \frac{\text{现金流量}}{\text{资本成本} - \text{增长率}}$$

$$\text{市场增加值} = \frac{(\text{投资资本回报率} - \text{资本成本}) \times \text{投资资本}}{\text{资本成本} - \text{增长率}}$$

企业的市场增加值与经济增加值(即经济利润)联系如下。

经济增加值是分年计量的,而市场增加值是预期各年经济增加值的现值。

$$\text{市场增加值} = \frac{\text{经济增加值}}{\text{资本成本} - \text{增长率}}$$

在投资资本一定的情况下,影响企业市场增加值的因素有三个:投资资本回报率、资本成本(指的是加权平均资本成本)、增长率。

投资资本回报率是公式的分子,提高盈利能力有助于增加市场价值;资本成本同时出现在公式的分子(减项)和分母(加项)中,资本成本增加会减少市场增加值;增长率是分母的减项,提高增长率对市场增加值的影响,要看分子是正值还是负值。当分子的"投资资本回报率 - 资本成本"为负值时,提高增长率使市场增加值变小(即市场价值减损更多)。

高增长率的公司也可能损害股东价值,低增长率的公司也可以创造价值,关键在于投资资本回报率是否超过资本成本。增长率的高低只影响创造(或减损)价值的多少,而不能决定创造价值还是减损价值的性质。

④销售增长率、筹资需求与价值创造

在资产周转率、销售净利率、资本结构、股利支付率不变(目前经营效率和财务政策不变)并且不增发和回购股份的情况下:

销售增长率超过可持续增长率时会出现现金短缺。"现金短缺"是指在当前的经营效率和财务政策下产生的现金,不足以支持销售增长,需要通过提高经营效率、改变财务政策或增发股份来平衡现金流动。

销售增长率低于可持续增长率时会出现现金剩余。销售增长率等于可持续增长率时会出现现金平衡。

可持续增长率是指不增发新股并保持目前经营效率和财务政策条件下公司销售所能增长的最大比率。经营效率指的是销售净利率和资产周转率。财务政策指的是股利支付率和资本结构。

$$\text{可持续增长率} = \text{净资产收益率}(1 - \text{股利支付率})$$
$$= \text{销售净利率} \times \text{资产周转率} \times \text{权益乘数} \times (1 - \text{股利支付率})$$

（2）价值创造和增长率矩阵

根据以上的分析，我们可以通过一个矩阵，把价值创造（投资资本回报率－资本成本）和现金余缺（销售增长率－可持续增长率）联系起来。该矩阵称为财务战略矩阵（见图4-8），可以作为评价和制定战略的分析工具。

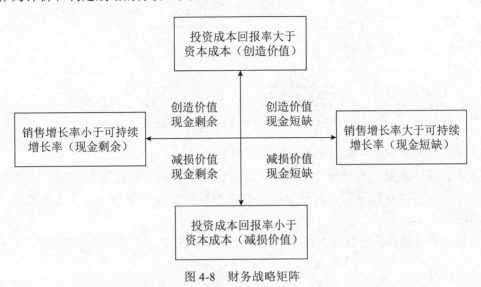

图4-8　财务战略矩阵

①增值型现金短缺（第一象限，见图4-9）

首先判断高速增长是暂时性的还是长期性的。如果高速增长是暂时的，则应通过借款来筹集所需资金；如果高速增长是长期的，则资金问题有两种解决途径：提高可持续增长率，包括提高经营效率（提高利润率和周转率）和改变财务政策（停止支付股利、增加借款），使之向销售增长率靠拢；增加权益资本（增发股份、兼并成熟企业），提供增长所需资金。

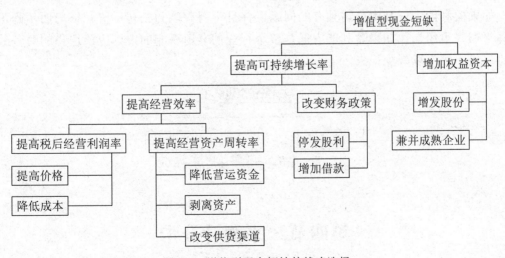

图4-9　增值型现金短缺的战略选择

②增值型现金剩余（第二象限，见图4-10）

首选的战略是利用剩余现金加速增长。途径包括：a. 内部投资；b. 收购相关业务。如果加速增长之后仍有剩余现金，找不到进一步投资的机会，则应把多余的钱还给股东。途径包括：a. 增加股利支付；b. 回购股份。

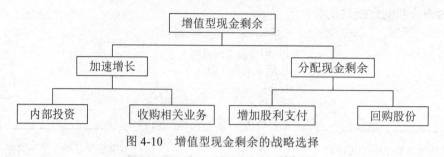

图 4-10 增值型现金剩余的战略选择

③减损型现金剩余（第三象限，见图 4-11）

首选的战略是提高投资资本回报率，途径有：a. 提高税后经营利润率；b. 提高经营资产周转率。在提高投资资本回报率的同时，如果负债比率不当，可以适度调整，以降低平均资本成本。

如果企业不能提高投资资本回报率或者降低资本成本，则应该将企业出售。

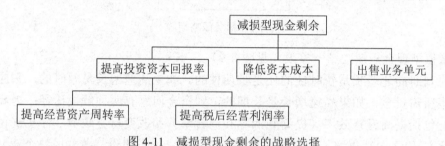

图 4-11 减损型现金剩余的战略选择

④减损型现金短缺（第四象限，见图 4-12）

如果盈利能力低是本公司独有的问题，并且觉得有能力扭转价值减损局面，则可以选择"彻底重组"；如果盈利能力低是整个行业的衰退引起的，则应该选择的财务战略是"尽快出售"以减少损失。

图 4-12 减损型现金短缺的战略选择

第四节 平衡计分卡

如果你不能评价，你就无法管理。

——德鲁克

一、平衡计分卡的概念

1992年,卡普兰(Kaplan)和诺顿(Norton)在《哈佛商业评论》著文,提出平衡计分卡概念。平衡计分卡是绩效管理中的一种新思路,是一种全新的组织绩效管理办法,后业在实践中扩展为一种战略管理工具,在战略规划与执行方面发挥着非常重要的作用。

企业可以通过平衡计分卡,依据公司的战略来建立企业内部的组织管理模式。平衡计分卡是一种从财务、客户、内部管理、创新与学习四个角度,将组织的战略转化为可操作的衡量指标和目标值,从而保证组织战略得到有效实施和控制的一种绩效管理体系,如图4-13所示。

1. 财务角度

主要关注如何满足所有者的利益。公司在市场中竞争,必然要通过盈利来获得生存和发展,因此财务指标是一个重要的指示器。财务指标可以显示企业的战略及其实施和执行是否对改善企业盈利能力和股东价值做出贡献。企业力争改善内部流程,关注学习与成长,获取客户的满意度最终都是为了提升财务方面的表现。

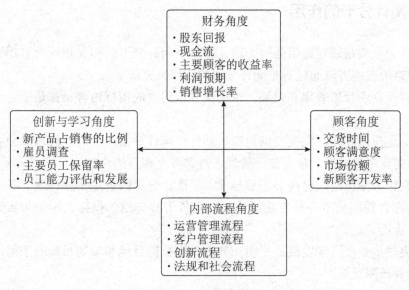

图4-13 平衡计分卡

2. 顾客角度

主要关注客户如何看待企业。顾客指标用来衡量和反映企业在满足顾客需求、提高顾客价值方面的业绩。常用的顾客指标有顾客满意度、顾客投诉率、投诉解决率、准时交货率、市场份额、客户保留率、新客户开发率、客户收益率。

3. 内部流程角度

主要关注企业在哪些流程上表现得优异才能实现战略目标。例如,为获得客户的满意,为提供高质量的产品,为获得市场领先地位,在内部各个流程上分别应该做到什么程度。

4. 创新与学习角度

主要关注企业必须具备或提高哪些关键能力才能提升内部流程进而达到客户和财务的目标。企业的成长与员工和企业能力素质的提高是息息相关的，从长远角度来看，企业唯有不断学习和创新，才能实现长远发展。

二、平衡计分卡的特点

（1）用全面体现企业战略目标的 4 个方面指标内容代替了单一的财务指标内容。

（2）平衡计分卡体现了 5 个方面的平衡：财务指标和非财务指标的平衡；企业的长期目标和短期目标的平衡；结果性指标与动因性指标之间的平衡；企业组织内部群体与外部群体的平衡；领先指标与滞后指标之间的平衡。

（3）平衡计分卡 4 个指标的内容之间都紧密联系。

（4）每个企业的平衡计分卡都具有独特性。

三、平衡计分卡的作用

（1）为企业战略管理提供强有力的支持。平衡计分卡的相关指标内容都源于企业战略，企业战略的实施可以通过对平衡计分卡的运用来完成。

（2）提高企业管理效率和效果。平衡计分卡包含的指标内容，都是企业经营的关键性要素。

（3）促进部门合作，完善协调机制。通过平衡计分卡，管理者可以掌握各个部门在经营活动中的作用和联系，从而便于管理者协调各个部门的合作。

（4）完善激励机制，提高员工参与度。平衡计分卡的各项指标体现了各个经营领域的活动，为在各领域从事各种专业活动的广大员工参与相关指标的制定和实施，提供了必要性和可行性。

（5）促进企业可持续发展。平衡计分卡体现长期目标和短期目标的平衡，有助于管理者考虑企业长期发展。

复习思考题

即 测 即 练

1. 目前最流行的组织结构有哪些？
2. 简述企业战略与组织结构的关系。
3. 企业文化对企业绩效的影响如何？
4. 平衡计分卡如何进行业绩计量？
5. 职能战略有哪些？
6. 财务战略矩阵每个象限的问题是什么？如何解决？

第五章 公司治理

学习目标

1. 了解企业的发展历程，理解现代公司的特征；
2. 理解公司治理问题产生的背景；
3. 熟悉公司治理理论；
4. 掌握内部人控制问题的表现、成因和对策；
5. 掌握隧道挖掘问题的表现、成因和对策；
6. 了解公司内部治理结构和外部治理机制；
7. 掌握公司治理的基础设施，能够分析实际问题。

引导案例

康美药业财务造假

2019年5月17日，证监会发布公告，康美药业披露的2016至2018年财务报告存在重大造假行为。根据证监会调查核实，2016年至2018年期间，康美药业累计虚增营业收入291.28亿元，累计虚增营业利润41.01亿元，累计多计利息收入5.1亿元。同期，康美药业还累计虚增货币资金886.8亿元。康美药业如此大的造假力度成为A股史上最大规模的财务造假案。2019年8月16日，证监会表示，康美药业预谋有组织长期系统实施财务造假行为，恶意欺骗投资者，影响极为恶劣，后果极为严重。

基于康美药业财务造假的事实，中国证监会对康美药业责令改正，给予警告，并处以60万元罚款，对21名责任人员处以10万元至90万元不等罚款，对6名主要责任人采取10年至终身证券市场禁入措施。

康美药业的问题有以下几方面：

董事会结构不合理、董事长总经理二职合一。康美药业董事长马某田兼任总经理，两职合一导致董事会的独立性和监督力度降低。经理层权力膨胀，导致公司的会计工作开展很难建立在诚信的基础上。

股权过于集中、缺乏对实际控制人的权利制衡。康美药业实际控制人的股权过于集中，截至2019年第一季度末，康美实业投资、许冬瑾、普宁金信典当行、普宁国际信息咨询和许某君分别持股32.83%、1.97%、1.87%、1.87%和1.4%。资料显示，康美实业投资实控人为马某田、许某瑾夫妇,同时二者分别实控金信典当行和普宁国际信息咨询,而康美药业以往财报表示,许某君与马某田夫妇也存在关联关系。马某田家族合计持有康美药业38.07%的股权。在康美药业公司,马某田任董事长兼总经理,其妻子许某瑾任副董事长和副总经理。马某田夫妇均兼任互相制衡的职务,使其在公司的决策和控制上具有绝对的权力,导致公司的战略决策体现个人色彩,决策过于盲目和武断,不能充分体现公司管理层整体意见。

独立董事独立性不强,实际地位低下。马某田作为董事长,拥有对康美药业的绝对控制权,在选用独立董事时为了保障自身利益的实现,能利用职权选举出对其有益的独立董事。在2019年4月30日发出的康美药业独立董事的述职报告中我们可以看到,公司在2018年举行了14次董事会会议,三位独立董事全部亲自出席,却从没有发表过任何否定意见,没有能及时发现公司内部控制执行存在的重大缺陷。由此可以看出,独立董事并没有起到监督作用。

问题:你怎么看待公司治理问题?

资料来源:华琦.从公司治理角度分析康美药业财务造假案[J].经营管理者,2020(11):96-97.有删改.

麦肯锡公司的一项调查发现,投资者愿意为治理良好的公司股价多支付16%。他们认为:好的治理会带来长期的良好业绩,好的治理降低了公司遇到麻烦的风险;公司治理本身就是一项重要的战略事务。

公司治理模式的形成与企业的发展经历息息相关。作为企业战略管理的支撑平台,公司治理模式的好坏不仅彰显着企业的理念、宗旨、文化,更重要的是公司治理水平的高低直接决定着企业的战略管理水平,从而影响企业的市场竞争力。

基本内容框架

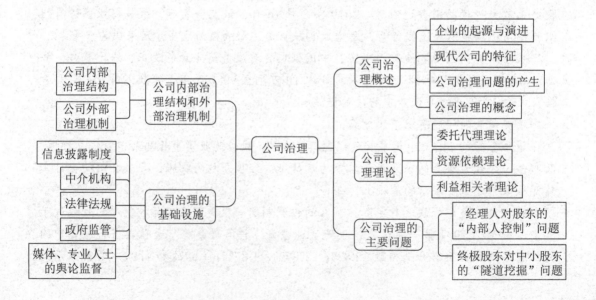

第一节 公司治理概述

一、企业的起源与演进

纵观企业制度的演进发展史,其基本可以划分为两大阶段:以业主制企业和合伙制企业为代表的古典企业制度时期和以公司制企业为代表的现代企业制度时期。

(一)业主制企业

业主制是企业制度的最早存在形式。业主制企业具有以下特点:①企业内部组织形式简单、便于管理,且政策法规、宏观经济等外部环境变化带来的风险对企业影响较小。②企业的资产所有权、控制权、经营权、收益权均归业主所有,业主享有完全自主权,便于发挥其个人能动性、生产力及创造力。③业主自负盈亏,对企业负债承担无限责任,个人资产与企业资产不存在绝对的界限,当企业出现资不抵债时,业主用其全部资产来抵偿。因此业主会更加关注于预算和成本控制以降低经营风险。

业主制企业的缺点:①规模小,资金筹集困难,企业容易因资金受限而难以扩大生产和规模。②企业所有权、收益权、控制权、经营权高度统一归业主所有,使企业存续受制于业主的生命期。③因业主承担无限责任所带来的风险较大,企业为规避风险而缺乏创新动力。

因此,随着企业规模的不断扩大,业主制企业逐渐被合伙制企业所取代。

(二)合伙制企业

合伙制企业是由两个或多个人联合组成的企业。在基本特征上,它与业主制企业并无本质的区别。在合伙制企业中,企业归出资人共同所有、共同管理,并分享企业剩余或亏损,对企业债务承担无限责任。与业主制企业相比,合伙制企业具有以下优点:①扩大了资金来源,有助于企业扩大规模、发展生产。②有利于发挥资源优势,促进技术、土地、资金等资源共享。③合伙人共同经营企业、共担风险,在企业经营管理上可以实现优势互补、集思广益,一定程度上分散了经营压力。

其缺点主要是:①合伙人对企业债务承担无限责任,风险较大。②合伙人间缺乏有效制约机制,监督履责困难,可能产生"搭便车"行为。③合伙人的退伙会影响企业的生存和寿命。

受到上述局限,合伙制企业又向公司制企业演变。

(三)公司制企业

公司制企业是企业制度与经济、社会和技术发展适应变迁的结果,是现代经济生活中主要的企业存在形式。它使企业的创办者和企业家在资本的供给上摆脱了对个人财富、银行和金融机构的依赖。与古典企业相比,公司制企业具有以下3个重要特点。

1. 有限责任制

有限责任制是指公司应当以其全部财产承担清偿债务的责任,它有两层含义:一是公司以其全部法人财产对其债务承担有限责任;二是当公司破产清算时,股东仅以其出资额为限,对其公司承担有限责任。

有限责任可以降低股东风险,激励投资行为;促进资本流动,推动现代证券市场的发展。另外,股东可能利用有限责任的制度漏洞规避法律义务甚至从事违法活动,做出损害公众利益的行为。因此有限责任制度也对现代市场经济的法律监管、市场秩序、社会稳定、公平交易提出了更高的要求。

2. 股东财产所有权与企业控制权分离

股东财产所有权与企业控制权分离是公司治理的基础,其最大优势是可以将掌握资产但缺乏管理能力的投资者与富有管理经验却缺乏资产的经理人结合在一起,实现企业资源与经营管理人员的最优组合,从而实现利润最大化的经营目标。缺点是职业经理人可能以权谋私损害所有者权益。

3. 公司的永续生命

现代公司制度中,企业以法人的形态存在,克服了传统合伙制退伙、散伙致使公司解散的缺点。业主制、合伙制企业受所有者个人因素影响较大,更为关注短期利益,不利于企业规模的扩大和长期存续发展。公司制企业初始即实现了产权与经营权的分离,所有者与法人财产权的分离,使企业实现永续运行,实现多元化经营发展更为可行。

二、现代公司的特征

1. 所有权和控制权的分离

1932年,美国学者佰勒(Berle)和明斯(Means)在其著名的《现代公司与私有产权》一书中提出,公司所有权与经营权出现了分离,现代公司已由受所有者控制转变为受经营者控制,管理者权力的增大有损害资本所有者利益的危害。在古典企业里,所有者与经营管理者合二为一,因此,不会产生所有者与经营者的利益分歧。亚当·斯密(Adam Smith)说:"股份公司的董事管理的不是他们自己的钱而是别人的钱,因此,我们不能期望他们会像私人合伙企业中的合伙人那样尽心尽力。在股份公司的业务管理中,漫不经心和浪费总是无所不在。"

2. 股权结构的分散化

公司的股权结构,经历了由少数人持股到社会公众持股再到机构投资者持股的历史演进过程。在公司制企业发展早期,公司只有少数个人股东,股权结构相对集中。随着规模的扩大及证券市场的发展和成熟,公司的股权结构逐步分散化。公司股权分散化对公司经营造成了不利影响:首先,股权分散化的最直接的影响是公司的股东们无法在集体行动上达成一致,从而提高了治理成本;其次,是对公司的经营者的监督弱化,特别是大量存在的小股东,他们不仅缺乏参与公司决策和对公司高层管理人员进行监督的积极性,而且也不具备这种能力;最后,分散的股权结构使得股东和公司其他利益相关者处于被机会主义行为损害、掠夺的风险之下。

三、公司治理问题的产生

1. 公司高管的高薪引起了股东及其他利益相关者的不满

在西方发达国家,即便公司业绩下降时,公司高管的薪酬仍然居高不下,甚至还有逐步上升的趋势。高管薪酬与基层员工间的两极分化引发了基层员工的不满,损害了公司及股东的利益。更令股东与公众不满的是,即使公司业绩增长缓慢甚至不增长,公司高级管理人员的薪酬仍旧继续攀升。

2. 机构投资者的监管意识不断提高

随着机构投资者规模的增大,持股比例的提高,机构投资者对公司经营监管的动力和能力提高。20世纪80年代以来,股东进一步法人化和机构化的趋势使得英美国家股东高度分散化的情况发生了很大变化,以养老基金和共同基金为主的机构投资者拥有了越来越多的股份。由于资产规模大,持股比例高,积极介入公司治理是机构投资者的必然选择。

3. 更多的利益相关者关注公司治理

在快速变化的新环境中,中小股东之外的其他利益相关者也受到公司业绩等方面的巨大影响,因此参与公司治理的需求也变得迫切。债权人、员工、供应商、客户、社区、政府等股东之外的利益相关者也开始广泛关注公司治理。

4. "内部人控制现象"更为明显

在一些从计划经济向市场经济转型的国家里,由于监管制度不完善,董事长和总经理两职合一使得"内部人控制现象"更加显著,存在损害更多利益相关者利益的风险。经理人员事实上依法掌握了控制权,他们的利益在公司决策中得到了充分的体现。

5. 大股东和中小股东的冲突加剧

股东利益冲突是公司中最普遍、最引人注目的问题。中小股东既没有动力也没有能力对公司的经营活动实施监督,中小股东掌握的信息也没有大股东全面,因此,大股东损害中小股东利益的动机也更加强烈。

四、公司治理的概念

(一)公司治理的定义

从公司治理的实践及这一问题的产生和发展看,可以从狭义、广义两个方面来理解公司治理的定义。狭义的公司治理是指所有者(主要是股东)对经营者的一种监督与制衡机制,即通过一种制度安排,合理地配置所有者和经营者之间的权力和责任关系。它是借助股东大会、董事会、监事会、经理层所构成的公司治理结构来实现的内部治理。其目标是保证股东利益的最大化,防止经营者对所有者利益的背离。

广义的公司治理不局限于股东对经营者的制衡,还涉及广泛的利益相关者,包括股东、雇员、债权人、供应商和政府等与公司有利害关系的集体或个人。公司治理是通过一套正式或非正式的、内部或外部的制度或机制来协调公司与所有利益相关者之间的利益关系,以保证公司决策的科学性与公正性,从而最终维护各方利益。治理的目标不仅是股东利益的最大化，而是保证所有利益相关者的利益最大化。

（二）公司治理的概念理解

可以从以下 3 个方面进一步思考和理解公司治理问题。

1. 公司治理结构与治理机制

根据公司内外部环境差异，公司治理可被划分为治理结构和治理机制两个维度，治理结构主要侧重于公司的内部治理，包括股东大会、董事会、监事会、高级管理团队及公司员工间权责利相互监督制衡的制度体系。显然，在现代市场经济环境下，仅靠公司内部的治理结构很难解决公司治理的所有问题。因此，还需超越公司内部治理结构的外部治理机制监控公司的经营决策。治理机制主要指除企业内部的各种监督机制外的各项市场机制对公司多维度的监督与约束。

2. 从权力制衡到科学决策

公司治理的实质就是委托代理关系下利益相关方的权、责、利配置问题。传统公司的治理理论一般只关注于在两权分离的条件下，力求通过建立一种制度体系以实现权力的配置与制衡来降低代理成本、减少代理风险。但在现实生活中，公司治理仅仅关注于权力的分配与制衡难以实现各方利益最大化的目标，应当理顺各利益相关方的权、责、利关系，使其利益在公司实体中得到最大限度的满足，才能保证公司可持续的良好经营与发展。即"公司治理的目标不是相互制衡，它只是保证公司科学决策的方式与途径"，权力制衡只是方法，科学决策才是公司治理的核心。

3. 公司治理能力

在实践中，拥有相同或类似的治理结构和治理机制的企业，绩效却存在着差异。企业处于建立初期、成长期、成熟期等不同发展阶段时，相同的治理结构与治理机制也会表现出不同的绩效。这是由于在理论上，治理结构和治理机制可被视作企业的两种重要资源，究其本源这两种资源只是公司治理能力的载体和构成要素。这种能力与公司领导者的个人能力、治理工具、治理环境等要素密切相关。这些要素相互影响、相互作用，综合地体现了公司的治理能力。

第二节　公司治理理论

1932 年，佰勒和明斯合做出版了《现代公司与私有财产》一书，正式拉开了公司治理理论研究的序幕。时至今天，公司治理理论已取得了极其丰硕的成果。这里主要介绍 3 种公司治理理论，即委托代理理论、资源依赖理论和利益相关者理论。

一、委托代理理论

委托代理理论最初由詹森和麦克林（Jensen, Meckling, 1976）提出。委托代理理论主要研究的委托代理关系是指一个或多个行为主体（股东等）根据一种明示或隐含的契约，指定、雇用另一些行为主体（经理等）为其服务，同时授予后者一定的决策权利，并根据后者提供的服务数量和质量对其支付相应的报酬。授权者就是委托人，被授权者就是代理人。

委托代理理论的主要观点认为：委托代理关系是随着生产力大发展和规模化大生产的出现而产生的。其原因一方面是生产力发展使得分工进一步细化，权利的所有者由于知识、能力和精力的原因不能行使所有的权利；另一方面专业化分工产生了一大批具有专业知识的代理人，他们有精力、有能力代理行使好被委托的权利。

20世纪初，伴随着规模巨大的股份制企业的大量出现，企业的股权也日益分散化。股份制企业中股东所拥有的控制权越来越少，而经营管理者几乎完全拥有了企业的控制权和支配权。委托代理问题是两权分离的直接后果。

从委托人方面来看：第一，股东或者缺乏有关的知识和经验，没有能力来监控经营者；或者工作太繁忙，以致没有时间、精力来监控经营者。第二，对于众多中小股东来说，由股东监控带来的经营业绩改善是一种公共物品。对致力于公司监控的任何一个股东来说，他要独自承担监控经营者所带来的成本，而监控公司所带来的收益却由全部股东享受，监控者只按他所持有的股票份额来享受收益。这对于他本人来说得不偿失，因此股东们都想坐享其成，"搭便车"。在这种情况下，即使加强监控有利于公司绩效和总剩余的增加，但只要每个股东在进行私人决策的时候，发现其行为的私人收益小于私人成本，他就不会有动力实施这种行为。

从代理人方面来看：第一，代理人有不同于委托人的利益和目标；第二，代理人对自己所做出的努力拥有私人信息，代理人会不惜损害委托人的利益来谋求自身收益的最大化，即产生机会主义行为。

二、资源依赖理论

资源依赖理论认为组织需要通过获取环境中的资源来维持生存，没有组织可以完全实现资源自给，企业经营所需的资源大多需要在环境中通过交换获得。资源依赖理论也考虑了组织内部的因素，认为组织对某些资源的需要程度、该资源的稀缺程度、该资源能在多大程度上被利用并产生绩效以及组织获取该项资源的能力，都会影响组织内部的权力分配格局。因此，那些能帮助组织获得稀缺性资源的利益相关者往往能在组织中获得更多的话语权。

资源依赖理论可以更好地解释企业董事会的功能。董事会的规模和构成影响了董事会为公司提供核心资源的能力。公司当前的战略和早期财务绩效也是董事规模的影响因素。除规模外，董事会成员给公司带来资源的能力也是公司治理关注的重要问题。董事会为获取资源发挥的作用主要包括：①为企业带来忠告、建议形式的信息；②获得公司和外部环境之间的信息通道；③取得资源；④提升企业的合法性。此外，处于不同生命周期的企业对董事的资源依赖也不同，小公司由于缺乏关键资源，资源提供功能较监督功能对其绩效的影响就更为显著。而处于组织衰退和破产期的公司正经历着资源的锐减，作为资源提供者的董事发挥的作用更为明显。

三、利益相关者理论

1984年，弗里曼（Freeman）在其著作《战略管理：利益相关者管理的分析方法》一书中，明确提出了利益相关者管理理论。该理论认为任何一个公司的发展都离不开各利益相关者的投入或参与，企业追求的是利益相关者的整体利益，而不仅是某些主体的利益。

企业的利益相关者是指那些与企业决策行为相关的现实及潜在的、有直接和间接影响的人和群体，包括企业的管理者、投资人、雇员、消费者、供应商、债权人、社区、政府等。每个利益相关者群体都希望组织在制定战略决策时能给他们提供优先考虑，以便实现他们的目标，但这些权益主体的相关利益及所关心的焦点问题存在很大的差别，且往往互有矛盾。公司不得不根据对利益相关者的依赖程度做出权衡，优先考虑某类利益相关者。

利益相关者理论的要点主要体现在以下几个方面。

（1）现代公司中，所有权是一个复杂的概念，讨论公司治理以所有权为起点"是彻底错误的，是高水平的误导"，股东并不是唯一的所有者，他们只能拥有企业的一部分。传统理论把作为所有者的一切权利和责任赋予股东并非出于社会科学的规律，而仅仅是一种法律和社会惯例而已。

（2）并不是只有股东承担剩余风险，职工、债权人、供应商都可能是剩余风险的承担者，所有利益相关者的投入都可能形成相关专用性资产，这部分资产一旦改作他用，其价值就会降低。因此，投入公司的这部分资产是处于风险状态的，为激励专用性资产进入公司，要给予其一定的剩余收益，应该设计一定的契约安排和治理制度来分配给所有的利益相关者一定的企业控制权，即所有的利益相关者都应该参与公司治理。

（3）重视非股东的其他利益相关者的必要性。在现代经济生活中，绝大多数资本所有者只是小股东，只不过是市场上的寻利者，大多只会"用脚投票"，而放弃"用手投票"，对企业承担的责任日益减少；真正为企业的生存和发展操心的，是与企业利害关系更为密切的经理人员和广大职工。公司治理结构不能仅仅局限于调节股东与经理之间的关系，董事会等决策机构中除了股东代表以外还应有其他利益相关者的代表。

（4）论证了其"新所有权观"的合理性。出资者投资形成的资产、公司经营过程中的财产增值和无形资产共同组成公司的法人财产，法人财产是相对独立的。

第三节　公司治理的主要问题

公司治理的问题主要包括：代理型公司治理问题和剥夺型公司治理问题。代理型公司治理问题面对的是股东与经理之间的关系，即传统意义上的委托代理关系；而剥夺型公司治理问题则涉及股东与股东间的利益关系。就本质而言，这两类公司治理问题都属于委托代理问题，只不过第一类公司治理问题是公司所有者与经营者（亦即股东与经理之间）的代理问题，而第二类公司治理问题是大股东与中小股东之间的代理问题。可以将第一类公司治理问题形象地称作"经理人对于股东的内部人控制"问题，将第二类公司治理问题称为"终极股东对于中小股东的隧道挖掘"问题。

一、经理人对股东的"内部人控制"问题

按照委托代理理论，现代企业可以看作是一系列委托代理合约的结合，由于存在着目标利益的不一致与信息的不对称，企业的外部成员无法实施有效的监督，从而使企业的内部成员能够直接参与企业的战略决策，并掌握了大部分企业实际控制权，在公司战略决策中追求自身利益，甚至内部各方面联手谋取各自的利益，从而架空所有者的有效控制，并以此来侵蚀作为外部人（股东）的合法权益，这就是所谓的"内部人控制现象"。

（一）"内部人控制现象"的成因

"内部人控制现象"的形成，实际上是在所有权与经营权分离的公司制度下，委托代理关系所带来的必然结果。所有者目标较为单一，追求企业利益最大化；而代理人的目标更为多元化，既追求个人收入也追求权力、地位与在职消费等。当两者之间发生利益冲突时，经营者往往会利用控制公司的特殊地位和拥有公司大量信息的有利条件，设法弱化所有者的约束，放弃甚至侵害所有者的权益以实现自身利益的最大化。

另外，公司治理机制的不完善为内部人控制提供了有利条件。许多公司的内部治理结构是扭曲的，在我国国有股份占主导地位的企业中表现更为严重。股东大会流于形式，企业并没有把股东大会作为最高权力机构，董事会凌驾于股东大会之上，甚至是董事长兼任总经理一揽大权，董事会、监事会成员由股东大会选举产生的比例也不高，所以难以产生监督和制衡的作用。

（二）"内部人控制现象"的主要表现

经理人对股东负有忠诚、勤勉的义务，然而由于委托代理问题和缺乏足够监督，经理人在经营管理中通常会违背忠诚和勤勉义务，从而导致"内部人控制现象"。

违背忠诚义务的"内部人控制现象"的主要表现有：过高的在职消费，盲目过度投资，经营行为的短期化；侵占资产，资产转移；工资、奖金等收入增长过快，侵占利润；会计信息作假、财务作假；大量负债，甚至严重亏损；建立个人权威，掌控更多的资源。

违背勤勉义务的内部人控制问题的主要表现有：信息披露不完整、不及时；敷衍偷懒不作为；财务杠杆过度保守；经营过于稳健、缺乏创新等。

（三）治理"内部人控制"问题的基本对策

当前公司治理中存在的内部人控制问题虽然出现在企业内部，但根源却在企业外部

的制度和机制。要解决内部人控制问题可以从以下几方面着手。

首先，完善公司治理体系，加大监督力度。在明确股东大会、董事会、监事会和经理层的职责的基础上，使其运作流程更加规范，信息更加透明、公开。

其次，强化监事会的监督职能，形成企业内部权力制衡体系。吸纳具有良好专业素质的外部人员担任独立董事，以此削弱监事会对董事会的依附，从而加强对经理人员的监督。监督机构独立运作，与日常经营相互制约、相互扶持。从长远看，这有助于形成内部不同利益集团间的监督制衡机制。

最后，完善和加强公司的外部监督体系，使利益相关者参与到公司的监管中，再结合经济、行政、法律等手段，构建对企业经营者的外部监督机制。

二、终极股东对中小股东的"隧道挖掘"问题

委托—代理问题还体现为大股东与中小股东之间的利益冲突，具体表现为终极股东对中小股东的"隧道挖掘"的剥夺型公司治理问题。

（一）"隧道挖掘"问题的成因

许多公司都存在着一个或几个具有绝对影响力的大股东，对于数量上占绝大多数的中小股东而言，他们实际上只拥有名义上的控制权，这与其所承担的实际风险并不对等。尤其是当资本市场缺乏对中小股东利益的保护机制时，对公司经营活动具有控制力的大股东的行为就更加不容易被约束，他们可能以牺牲众多的中小股东利益为代价，通过追求自利目标而非公司价值目标来实现自身福利最大化，从而导致终极股东的"隧道挖掘"问题。

"隧道挖掘"行为的产生，在于控股股东"隧道挖掘"的收益大于其成本。而收益来源于控股股东所掌控的权利，成本则反映了控股股东对其行为所承担的责任。

（二）"隧道挖掘"问题的表现

剥夺型公司治理问题主要是控股股东剥夺其他中小股东利益的行为，即"隧道挖掘"行为。剥夺是指终极股东利用控股股东身份侵犯公司资源，进而损害其他股东（以及其他利益相关者）利益的行为，其可以分为以下两种类型。

1. 滥用公司资源

滥用公司资源是指并非以占有公司资源为目的，但也未按照公司整体目标为行动导向的行为。例如，终极股东是家族或国有企业的时候，终极股东作的一些决策可能更多地从家族利益或政府社会功能的角度出发，从而偏离了股东财富最大化目标。

2. 占用公司资源

占用公司资源是指终极股东通过各种方法将公司的利益输送到自身的行为。占用公司资源的利益输送行为，又可以分为直接占用资源、关联性交易和掠夺性财务活动3类。

（1）直接占用资源。直接占用资源是指终极股东直接从公司将利益输送给自己，表现为直接借款、利用控制的企业借款、代垫费用、代偿债务、代发工资、利用公司为终

极股东违规担保、虚假出资。

预付账款也是终极股东及其他关联方占用公司资金的途径之一，比"应收账款""其他应收款"更隐秘。此外，终极股东占用公司商标、品牌、专利等无形资产以及抢占公司的商业机会等行为也属于直接的利益输送。

(2) 通过关联交易进行利益输送。关联交易的利益输送又可分为商品服务交易活动、资产租用和交易活动、费用分摊活动。这些活动本属企业的正常经营管理业务，但是如果这些活动都以非市场价格进行交易，就容易成为终极股东进行隧道挖掘谋取私利的工具。

①商品服务交易活动。终极股东经常以高于市场价格向公司销售商品和提供服务，以低于市场价格向公司购买商品和服务，利用明显的低价或高价来转移利润、进行利益输送。

②资产租用和交易活动。资产租用和交易活动与商品服务交易活动很相似，仅仅是交易的标的物不同。租用和交易的资产有房屋、土地使用权、机器设备、商标和专利等。

③费用分摊活动。上市公司和控股母公司常常要共同分担一系列费用，这些费用的分摊过程经常充满了随意性，且属于内部信息。控股的终极股东常常利用费用分摊活动从上市公司获取利益，进行隧道挖掘。

(3) 掠夺性财务活动。掠夺性财务活动更为复杂和隐蔽，具有多种表现形式，具体可以分为掠夺性融资、内幕交易、掠夺性资本运作和超额股利等。

①掠夺性融资。一些公司通过财务作假骗取融资资格、虚假包装以及过度融资的行为，损害外部中小投资者利益。另外，公司向终极股东低价定向增发股票也属于掠夺性融资行为。

②内幕交易。内幕交易是指内幕人员根据内幕消息买卖或者帮助他人，谋取不正当利益。

③掠夺性资本运作。掠夺性资本运作的标的物是公司股权，经常是公司高价收购终极股东持有的其他公司股权，造成公司的利益流向了终极股东。

④超额股利。以终极股东需求为导向的股利政策也是一种"隧道挖掘"行为。

(三) 如何保护中小股东的利益

1. 累积投票制

《中华人民共和国公司法》（以下简称《公司法》）第一百零五条明确规定："股东大会选举董事、监事，可以依照公司章程的规定或者股东大会的决议，实行累积投票制。本法所称累积投票制，是指股东大会选举董事或者监事时，每一股份拥有与应选董事或者监事人数相同的表决权，股东拥有的表决权可以集中使用。"

我国2018年颁布的《上市公司治理准则》第十七条规定："董事、监事的选举，应当充分反映中小股东意见。股东大会在董事、监事选举中应当积极推行累积投票制。单一股东及其一致行动人拥有权益的股份比例在30%及以上的上市公司，应当采用累积投票制。采用累积投票制的上市公司应当在公司章程中规定实施细则。"

累积投票制，即每一股份代表的表决权数不是一个，而是以待选人数相同，并且股东可以将表决票数以任何集中组合方式投向所选择的对象。累积投票制所对应是的直接投票制，直接投票制就是指就董事会席位逐一进行表决，根据投票多少决定人选，体现的是一种由大股东控制公司权利的理念。例如，公司有两位股东，甲有80股，乙有20股。现在要选举5位董事。若采取直接投票制，甲提名的5位候选人每人可以得到80%的选票，而乙提名的5位候选人全部没有胜算。若采用累积投票制，甲有400（80×5）张选票，乙有100（20×5）张选票，如果乙把100张选票都集中起来投给一位他自己最信任的候选人或者他自己，这个候选人肯定能当选。

累积投票制度让小股东可以将其表决权集中投给自己的提名候选人，通过这种局部集中的投票方法，能够使小股东选出代表自己利益的人，从而对终极股东形成制衡，增强中小股东的话语权，提升中小股东权益的保护水平。

2. 建立有效的股东民事赔偿制度

为了加强对终极股东的权力滥用的监控，限制其"隧道挖掘"行为，我国也出台了相应的法律规定，例如我国《公司法》第二十条规定："公司股东滥用股东权利给公司或者其他股东造成损失的，应当依法承担赔偿责任。公司股东滥用公司法人独立地位和股东有限责任，逃避债务，严重损害公司债权人利益的，应当对公司债务承担连带责任。"

我国《公司法》还规定："公司的控股股东、实际控制人、董事、监事、高级管理人员不得利用其关联关系损害公司利益。违反前款规定，给公司造成损失的，应当承担赔偿责任。公司股东会或者股东大会、董事会的决议内容违反法律，行政法规的无效。"

3. 建立表决权排除制度

表决权排除制度也被称为表决权回避制度，是指当某一股东与股东大会讨论的决议事项有特别的利害关系时，该股东或其代理人均不得就其持有的股份行使表决权的制度。

我国《公司法》第十六条规定："公司向其他企业投资或者为他人提供担保，依照公司章程的规定，由董事会或者股东会、股东大会决议；公司章程对投资或者担保的总额及单项投资或者担保的数额有限额规定的，不得超过规定的限额。公司为公司股东或者实际控制人提供担保的，必须经股东会或者股东大会决议。前款规定的股东或者受前款规定的实际控制人支配的股东，不得参加前款规定事项的表决。该项表决由出席会议的其他股东所持表决权的过半数通过。"

我国《公司法》第一百二十四条规定："上市公司董事与董事会会议决议事项所涉及的企业有关联关系的，不得对该项决议行使表决权，也不得代理其他董事行使表决权。该董事会会议由过半数的无关联关系董事出席即可举行，董事会会议所作决议须经无关联关系董事过半数通过。出席董事会的无关联关系董事人数不足三人的，应将该事项提交上市公司股东大会审议。"

4. 完善小股东的代理投票权

代理投票制是指股东委托代理人参加股东大会并代行投票权的法律制度。在委托投票制度中，代理人以被代理人的名义，按自己的意志行使表决权。

2018年《上市公司治理准则》第十五条规定："股东大会会议应当设置会场，以现场会议与网络投票相结合的方式召开。现场会议时间、地点的选择应当便于股东参加。上市公司应当保证股东大会会议合法、有效,为股东参加会议提供便利。股东大会应当给予每个提案合理的讨论时间。股东可以本人投票或者依法委托他人投票,两者具有同等法律效力。"

表决权代理制度可分为:①股东本人主动委托他人代为行使表决权;②他人劝诱股东将表决权委托给自己代为行使。后者引出了一种有价值的公司治理工具,称为股东表决权征集。表决权代理制度可以给中小股东更多参与公司治理的机会。

2018年《上市公司治理准则》第十六条规定:"上市公司董事会、独立董事和符合有关条件的股东可以向公司股东征集其在股东大会上的投票权。上市公司及股东大会召集人不得对股东征集投票权设定最低持股比例限制。投票权征集应当采取无偿的方式进行,并向被征集人充分披露具体投票意向等信息。不得以有偿或者变相有偿的方式征集股东投票权。"

5. 建立股东退出机制

当公司被终极股东控制时,为了降低中小股东的投资风险,降低其受终极股东剥夺的程度,当作为少数派的外部中小股东无法实现其诉求时,退出就成为中小股东降低风险的最后退路。股东退出机制,包括两类方式:

(1)转股。转股是指股东将股份转让给他人从而退出公司,也称为"用脚投票"。我国《公司法》第七十一条规定:"有限责任公司的股东之间可以相互转让其全部或者部分股权。股东向股东以外的人转让股权,应当经其他股东过半数同意。股东应就其股权转让事项书面通知其他股东征求同意,其他股东自接到书面通知之日起满三十日未答复的,视为同意转让。其他股东半数以上不同意转让的,不同意的股东应当购买该转让的股权;不购买的,视为同意转让。经股东同意转让的股权,在同等条件下,其他股东有优先购买权。两个以上股东主张行使优先购买权的,协商确定各自的购买比例;协商不成的,按照转让时各自的出资比例行使优先购买权。公司章程对股权转让另有规定的,从其规定。"

(2)退股。退股是指在特定条件下股东要求公司以公平合理价格回购其股份从而退出公司,这种机制来源于异议股东股份回购请求权制度。

异议股东股份回购请求权制度是指对于提交股东大会表决的公司重大交易事项持有异议的股东,在该事项经股东大会资本多数表决通过时,有权依法定程序要求对其所持有的公司股份的"公平价值"进行评估并由公司以此为标准买回其股票,从而实现自身退出公司的制度。该制度是一种中小股东在特定条件下的解约退出权。

对于有限责任公司,我国《公司法》第七十四条规定:"有下列情形之一的,对股东会该项决议投反对票的股东可以请求公司按照合理的价格收购其股权:①公司连续五年不向股东分配利润,而公司该五年连续盈利,并且符合本法规定的分配利润条件的;②公司合并、分立、转让主要财产的;③公司章程规定的营业期限届满或者章程规定的其他解散事由出现,股东会会议通过决议修改章程使公司存续的。"

对于股份有限公司,《公司法》第一百四十二条规定:"公司不得收购本公司股份。但是,有下列情形之一的除外:①减少公司注册资本;②与持有本公司股份的其他公司合并；③将股份奖励给本公司职工；④股东因对股东大会做出的公司合并、分立决议持异议，要求公司收购其股份的。"

第四节 公司内部治理结构和外部治理机制

一、公司内部治理结构

公司内部治理结构是指主要涵盖股东大会、董事会（监事会）、高级管理团队以及公司员工之间责权利相互制衡的制度体系。由于经理人员与股东的利益不一致、合约的不完备和信息的不对称所产生的不确定性，使得委托代理问题不太可能通过合约来解决。这样在公司内部就需要一个制度机制，来约束经理人员的败德行为。在实践中股东并不是将公司的控制权直接交给经理人员，而是以一种信托关系首先交给了董事会，董事会再通过委托代理关系聘用经理人员进行经营管理。

（一）股东大会

1. 股东及股东权利

股东可以是自然人，也可以是各种类型的法人实体。依据《公司法》及公司章程的规定，股东拥有公司，公司拥有法人财产。股东可以分为普通股股东和优先股股东。

（1）普通股股东

普通股是股份公司发行的无特别权利的股份，也是最基本的、最标准的股份。一般情况下，股份公司只发行一种普通股，所有的普通股股东都享有同样的权利和义务。普通股股东有以下权利。

①剩余收益请求权和剩余财产清偿权

普通股股东的投资收益是公司经营收益被所有其他利益相关者分割完毕后剩余的部分，在公司因故解散清算时，普通股股东的清偿权也是在所有其他有关人员的清偿要求得到满足之后才能实现。普通股股东的风险较大，所以要求较高的报酬率。

②监督决策权

由于普通股股东是公司经营风险的主要承担者。因此，他们必然要拥有对公司重大经济行为的监督权和决策参与权。

③优先认股权

在公司增发新股时，普通股股东有权按其持股比例优先认购一定比例的新股。普通股股东的这种优先认股权，主要是为了在公司扩股时使他们的控股权不被稀释。普通股股东可以转让或放弃这一权利。

④股票转让权

公司的股东有权按照自己的意愿随时转让手中的公司股票。转让股票是普通股股东

"用脚投票"的途径和体现。

（2）优先股股东

优先股的根本特征在于优先股股东在公司收益分配和财产清算方面比普通股股东享有优先权。与这种优先权相伴随的是，优先股股东一般不享有股东大会投票权。从公司资本结构上看，优先股属于公司的权益资本，是介于公司债和普通股之间的一种筹资工具。优先股股东的权利主要集中以下几方面。

①利润分配权

优先股股东在利润分配上有优于普通股股东的权利。优先股股利通常是按照面值的固定比例支付的。

②剩余财产清偿权

当公司因经营不善而破产时，在偿还全部债务和清理费用之后，如有剩余财产，优先股股东有权按票面价值优先于普通股股东得到清偿。

③管理权

优先股股东的管理权是有严格限制的。当公司研究与优先股有关的问题时有权参加表决。

2. 股东大会

一般来说，股东主要是通过其参与股东大会来行使权利。股东大会具有两个基本特征：一是公司内部的最高权力机构和决策机构；二是公司的非常设机构。股东会（股东大会），行使决定公司重大问题的权力，决定公司关于合并、分立、解散、年度决算、利润分配、董事会成员等重大事项。股东大会按照股东持有的股份进行表决。股东大会是股东表达意见的主要渠道。在股东大会上，股东不但可以对公司的经营方针做出决策，还可以通过改选董事会，来对经理层施加压力。

股东大会分为一年一度定期召开的年度股东大会和非定期的、因公司特殊事项而组织召开的临时性股东大会。我国《公司法》规定，股东大会应当每年召开一次年会。年度股东大会应当于上一会计年度结束后的6个月内举行。除了年度股东大会之外，有下列情形之一的，应当在2个月内召开临时股东大会：一是董事人数不足本法规定的人数或者公司章程所定人数的三分之二时；二是公司未弥补的亏损达股本总额三分之一时；三是持有公司股份10%以上的股东请求时；四是董事会认为必要时；五是监事会提议召开时。

法律上，股东大会主要行使以下职权：①决定公司的经营方针和投资计划；②选举和更换非由职工代表担任的董事、监事，决定有关董事、监事的报酬事项；③审议批准董事会的报告；④审议批准监事会或者监事的报告；⑤审议批准公司的年度财务预算方案、决算方案；⑥审议批准公司的利润分配方案和弥补亏损方案；⑦对公司增加或者减少注册资本做出决议；⑧对发行公司债券做出决议；⑨对公司合并、分立解散、清算或者变更公司形式做出决议；⑩修改公司章程。

3. 机构投资者

机构投资者是指用自有资金或者从分散的公众手中筹集的资金专门进行有价证券投资活动的法人机构，包括证券投资基金、社会保障基金、商业保险公司和各种投资公司等。机构投资者通过参与股东大会表决参与公司管理，这就形成了机构投资者的行动主义，从而使公司治理变得更加有效。

机构投资者的行动主义内涵包括：①机构投资者与所投资公司董事会举行一对一的例会；②机构投资者积极在股东大会上行使表决权；③机构投资者积极关注所投资公司的董事会成员构成；④机投资者联合向公司管理层提出公司战略和经营建议。证券投资基金、证券公司、三类企业（国有企业、国有控股企业、上市公司）是我国的主要机构投资者。

（二）董事会

董事会是由股东大会选举产生的，负责公司及其经营活动的指挥与管理。它对股东大会负责，是股东大会闭幕期间公司常设的权力机构。

1. 董事会的职能

我国《公司法》第四十六条对董事会的职权进行了相应的规定：股份有限公司设董事会，董事会对股东大会负责，行使下列职权：①负责召集股东大会，并向股东大会报告工作；②执行股东大会的决议；③决定公司的经营计划和投资方案；④制订公司的年度财务预算方案、决算方案；⑤制订公司的利润分配方案和弥补亏损方案；⑥制订公司增加或者减少注册资本的方案以及发行公司债券的方案；⑦拟订公司合并、分立、解散的方案；⑧决定公司内部管理机构的设置；⑨聘任或者解聘公司经理，根据经理的提名，聘任或者解聘公司副经理、财务负责人，决定其报酬事项；⑩制定公司的基本管理制度。

2. 董事及其分类

董事是指由公司股东大会选举产生的具有实际权力和权威的管理公司事务的人员，是公司内部治理的主要力量，对内管理公司事务、对外代表公司进行经济活动。占据董事职位的人可以是自然人，也可以是法人。但法人充当公司董事时，应指定一名有行为能力的自然人为代理人。

董事按照其与公司的关系分为内部董事与外部董事。内部董事也称执行董事，主要是指担任董事的本公司管理人员，如总经理、常务副总经理等。外部董事是指不在公司担任除董事以外的其他职务的董事，如其他上市公司总裁、公司咨询顾问和大学教授等。

此外，公司的外部董事还可以进一步分为关联董事和独立董事。关联董事是指虽然不在公司中担任其他职位，但仍与公司保持着利益关系的董事，如公司关联机构的雇员或咨询顾问等。独立董事是公司的外部董事，他们与公司或公司经营管理者没有重要的业务联系或专业联系，是能对公司事务做出独立判断的董事，如大学的教授、退休的政府官员等。

3. 董事的权利及义务

董事的权利包括：①出席董事会会议。②表决权。③董事会临时会议召集的提议权。董事长可视情况主动召集，也可以根据一定人数的董事的提议而召集董事会临时会议。④通过董事会行使权利。

董事义务又称作勤勉义务，主要包括善管义务和竞业禁止义务。

（1）善管义务

董事在执行职务中应尽善管人的注意义务。董事的善管义务可以分为以下3条：①董事必须忠实于公司。董事要遵守公司章程，忠实履行职务，维护公司利益，不得利用在公司的地位和职权为自己谋取私利，不得利用职权收受贿赂或者其他非法收入，不得侵占公司的财产，除依照法律规定或者经股东大会同意外，不得泄露公司秘密。公司董事应当向公司申报所持有的本公司的股份，并在任职期内不得转让。②董事必须维护公司资产。董事应该做到：不私自挪用公司资金或者擅自将公司资金借贷给他人；不将公司资产以其个人名义或者以其他个人名义开立账户存储，不以公司资产为本公司的股东或者其他个人债务提供担保。③董事在董事会上有审慎行使决议权的义务。董事不仅负有上述对公司的善管义务，也承担因未尽到义务而应负的责任。董事不得从事损害本公司利益的活动。否则，公司可对其行使归入权，即将从事上述活动的所得收入归公司所有。董事执行职务时违反法律、行政法规或者公司章程的规定，给公司造成损害的，应当承担赔偿责任。董事会的决议违反法律、行政法规或者公司章程，致使公司遭受严重损失的，参与决议的董事应对公司负赔偿责任。按照监事会的职权，当董事行为损害公司的利益时，监事会有权要求董事予以纠正。如监事会纠正后，董事仍拒不赔偿公司损失，则会酿成以公司为原告以董事为被告的损害赔偿诉讼。

（2）竞业禁止义务

竞业禁止，指特定地位的人不得实施与其所服务的营业具有竞争性质的行为。依公司法规定，董事不得自营或者为他人经营与其所任职公司同类的营业。董事违反上述竞业禁止义务，公司可以依法行使归入权。董事从事上述竞业行为，极有可能夺取公司的交易机会，还可能利用对公司秘密的了解，对公司造成损害。

4. 几个专门委员会

为了更有效解决公司内部治理问题，董事会一般可以下设几个专门委员会，分别从事各方面的工作。董事会的这些委员会原则上都应由独立董事构成，分别召开会议，承担各自的工作。其中，最常见的是审计委员会、薪酬与考核委员会、提名委员会与战略决策委员会。

（1）审计委员会。其主要职责是：①检查公司会计政策、财务状况和财务报告程序；②与公司外部审计机构进行交流；③对内部审计人员及其工作进行考核；④对公司的内部控制进行考核；⑤检查、监督公司存在或潜在的各种风险；⑥检查公司遵守法律、法规的情况。

（2）薪酬与考核委员会。其主要职责是：①负责制定董事、监事与高级管理人员考核的标准，并进行考核；②负责制定、审查董事、监事、高级管理人员的薪酬政策与方案。

（3）提名委员会。其主要职责是：①分析董事会构成情况，明确对董事的要求；②制定董事选择的标准和程序；③广泛搜寻合格的董事候选人；④对股东、监事会提名的董事候选人进行形式审核；⑤确定董事候选人提交股东大会表决。

（4）战略决策委员会。其主要职责是：①制定公司长期发展战略；②监督、核实公司重大投资决策等。

（三）监事会

虽然各国公司治理结构中都有履行监督职能的机构或人员，但这些机构或人员是设在董事会内部,还是在董事会之外另设专门的监督机构,在国际上并无统一的模式。是否设立这一机构,与一国董事会的模式和构成有十分密切的关系。

依据董事会的模式,监事会的设置在国际上有以下3种类型:①公司内部不设监事会,相应的监督职能由独立董事发挥,以美国为代表。在这种模式下,董事会既有监督职能又有决策职能。②设立监事会,且监事会的权力在董事会之上,这种董事会模式又名为双层董事会,以德国为代表。在这种模式下,监事与董事不能兼任,从而使监督权与执行权从机构上明确分开,而且监事会具有任命和监督董事会成员的权利。③设立监事会,但监事会与董事会是平行机构,也叫复合结构。这种董事会模式以日本最为典型,在我国、韩国以及东南亚的一些国家也采取类似模式。这种模式下的董事会具有决策职能,但由于董事会大都由执行董事构成,因此同时具有执行职能。为了避免监督者监督自己,法律规定由股东大会选举法定审计人或监事,对董事和经理层进行监督。

我国《公司法》第五十一条规定:有限责任公司设监事会,其成员不得少于三人。股东人数较少或者规模较小的有限责任公司,可以设一至二名监事,不设监事会。监事会应当包括股东代表和适当比例的公司职工代表,其中职工代表的比例不得低于三分之一,具体比例由公司章程规定。董事、高级管理人员不得兼任监事。第一百一十七条规定:股份有限公司设监事会,其成员不得少于三人。

(四)经理层

经理人是公司日常经营管理和行政事务的负责人,由公司董事会聘任,在法律、法规及公司章程规定和董事会授权范围内,代表公司从事业务活动的高级管理人员。

1. 经理人的职权

在我国,总经理虽受聘于董事会,但其职权的主体部分却不为董事会所授权,而是由《公司法》规定。我国《公司法》规定,公司经理人员的职权包括:

(1) 主持公司的生产经营管理工作,组织实施董事会决议。
(2) 组织实施公司年度经营计划和投资方案。
(3) 拟定公司内部管理机构设置方案。
(4) 拟订公司的基本管理制度。
(5) 制定公司的具体规章。
(6) 提请聘任或者解聘公司副经理、财务负责人。
(7) 决定聘任或者解聘除应由董事会决定聘任或者解聘以外的负责管理人员。
(8) 董事会授予的其他职权。

2. 经理人的薪酬激励

经理人的激励约束机制是公司治理结构中的一个核心问题。传统上,薪酬激励一直是委托人用来解决代理问题的主要手段。设计合理的薪酬机制能够使经营者努力工作为委托人创造更大的财富。

(1) 年薪制

所谓年薪制,是指以企业经营者为实施对象,以年度为单位,确定经营者的基本报酬,并视其经营业绩发放风险收入的一种薪酬制度。这一制度将经营者的收入与其经营业绩挂钩，体现出了经营者人力资本的价值，从而能更好地发挥经营者的积极性和创造性。

年薪制的根本缺陷在于易导致经营者的短期行为。由于年薪制中的企业家收入以年度来计算，主要取决于当年企业的经营效益，经营者有可能削减某些支出或选择那些回收期短的投资项目，这显然不利于企业的未来发展。

（2）股权激励

为了弥补年薪制的缺陷，公司一般都会对经理人进行股权激励。股权激励使经营者能够以股东的身份参与企业决策、分享利润、承担风险，从而勤勉尽责地为公司的长期发展服务。

一般来说，股权激励兼具"报酬激励"和"所有权激励"双重作用。如果公司经营得好，公司股票的价格就能不断地上涨，经营者就可通过出售股权而获得可观的收益；反之，如果公司经营不善，股票价格就难以上涨，甚至还会下跌。因此，股权激励可以通过所有权机制保证经营者行为与所有者的利益保持一致。

二、公司外部治理机制

从科学决策的角度看，公司内部治理结构不能解决公司治理的所有问题。外部治理机制主要是指除企业内部的各种监控机制外，各个市场机制对公司的监控和约束。

（一）产品市场

产品市场的竞争对经理人员的约束主要来自以下两个方面。

一是，在充分竞争的市场上只有最有效率的企业才能生存，企业的经理人员如果不努力的话，企业就可能破产，经理人员可能失业。在生存的压力下，经理人员就可能付出更大的努力，而且产品市场的竞争越激烈，经理人员的压力就越大。

二是，产品市场的竞争可以为经理人员的激励提供有用的信息。如果企业处于竞争性行业，影响不同企业收益和成本的因素是相同的，那么企业的股东就可以通过把自己企业与其他企业进行比较而获得经理人员工作好坏的信息。有了产品市场上的比较，股东就可以把经理人员的报酬与同行业其他企业经理人员的业绩相联系，为经理人员提供更合理的激励。

（二）资本市场

资本市场也称为控制权市场。资本市场对经理人员行为的约束是通过接管和兼并方式进行的，也就是通过资本市场上对企业控制权的争夺的方式进行的。当公司经理人员不努力时，企业的业绩就可能下降，企业的股票价格就会下跌。这时，会有人通过资本市场上的收购，控制这家公司的控制权，经营无方的管理者将被替代。

即使收购不成功，在位管理者也会因面临被替代的威胁而主动改变经营行为。因此，收购和重组的威胁被认为是控制经理人员行为的最有效方法之一。

(三)经理人市场

存在于公司所有者和管理者之间的委托代理问题会因为管理者对自己的职业生涯的关注而得到缓解。而管理者对自己职业生涯的关注要来源于经理人市场。经理人市场之所以对经理人员的行为有约束作用,是因为在竞争的市场上声誉是决定个人价值的重要因素。经理人员如果不努力,其业绩表现就会不佳,其声誉就会下降。

第五节 公司治理的基础设施

影响公司治理效率的因素不仅包括公司内部治理结构和公司外部治理机制,还包括公司治理的基础设施。公司治理基础设施主要包括公司信息披露制度、评价公司财务信息和治理水平的信用中介机构、保护投资者利益的法律法规、政府监管以及媒体和专业人士的舆论监督等。

这几个方面可以围绕确保披露高质量的公司信息而被有机地联系起来。公司治理一个重要的目标是提供高质量的公司信息。但是,很难保证披露的信息质量,因此需要会计、审计等信用中介机构进行评价,为披露的公司信息出具独立意见。但有了这些中介机构并不能保证公司披露的信息一定是真实可靠的,一旦出现问题,就可能要诉诸事后的惩罚机制,也就是法律法规的介入。如果有完善的投资者法律保护,并且有公正透明的执法程序,那么,即使出现信用中介机构伙同公司欺骗信息使用者尤其是投资者的情况,相关法律制裁机制便立即启动,此外,政府监管和专业人士的舆论监督可以在事中控制信息披露的质量。

在考虑公司治理基础设施后,我们可以整理出公司治理效率影响因素的分析框架。如图 5-1 所示。从这个分析框架中可以看出,公司治理效率影响因素除了公司内部治理结构和公司外部治理机制以外,还包括公司治理的基础设施。并且,公司内部治理结构和外部治理机制还通过公司治理的基础设施影响公司治理效率。

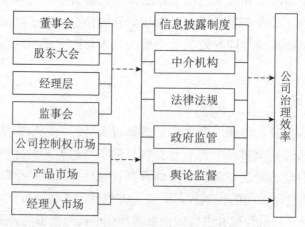

图 5-1 公司治理效率影响因素的分析框架

一、信息披露制度

信息披露制度,是上市公司为保障投资者利益、接受社会公众的监督而依照法律规定必须将自身的财务变化、经营状况等信息和资料向证券管理部门和证券交易所报告,并向社会公开或公告,以便使投资者充分了解情况的制度。它包括公司证券发行前的披露和上市后的持续信息公开,主要由招股说明书制度、定期报告制度和临时报告制度组成。信息披露制度的特征主要包括:信息披露义务的强制性和自愿性、信息披露内容的多样性和信息披露时间的持续性等。

中国上市公司信息披露包括3类:①上市披露(对一级市场的招股说明书;对二级市场的上市公告书)。②定期披露(年度报告、中期报告)。③临时披露(重要事件公告、收购与合并公告等)。

我们主要从以下4个方面评估信息披露的质量:①财务信息,包括使用的会计准则、公司的财务状况、关联交易等。②审计信息,包括注册会计师的审计报告、内部控制评价等。③披露的公司治理信息是否符合相关规定。④信息披露的及时性。公司应建立网址、网站,便于投资者及时查阅有关信息。总体而言,信息透明度的核心是完整性、真实性、及时性。

会计信息披露在公司治理结构中的作用表现在以下方面。

1. 信息披露在内部治理结构中的监督作用

如何监督高级经理人员和大股东的行为是公司治理的关键。监督需要信息,尤其是公司财务方面的信息。财务信息的披露,降低了股东与经理人员之间以及大股东和中小股东之间的信息不对称,从而有效地降低管理人员和大股东的机会主义行为。

2. 信息披露在内部治理结构中的激励作用

信息披露,特别是财务信息的披露为激励经理人员提供了依据。财务信息披露是对经理人员进行评价的基础,对经理人员真实、客观的评价可以起到降低道德风险、提高激励的作用。

3. 信息披露在内部治理结构中的契约沟通作用

企业是一系列契约关系的联结。财务信息为企业各种契约的签订、执行与监督提供基础性数据,并成为企业契约的重要组成部分,以降低契约沟通成本(如签约成本和监督成本)。同时,契约是不完备的,缔约各方不可能对所有情况事无巨细地进行约定,因此,公司股东、董事会和经理层必然为获得财务信息相关的各种权利展开沟通和博弈。内部治理结构各个契约环节的有效运行,如股东控制权和投票权的行使,董事会决策权的实施和经理层薪酬计划制订,同样以信息披露为依托。信息披露有效缓解了内部治理结构中的契约摩擦和沟通摩擦,降低了公司治理成本。

4. 信息披露有助于外部治理机制的有序运作

公司外部治理机制的有效运作同样需要相关、可靠、及时和充分的信息披露。

同济堂信息披露违法违规案

违法事实（一）

同济堂《2016年年度报告》《2017年年度报告》《2018年年度报告》中存在虚假记载，虚增营业收入、营业成本、销售及管理费用，导致2016年至2018年虚增利润总额分别为6.8亿元、9.2亿元、8.3亿元。

违法事实（二）

同济堂《2019年年度报告》中存在虚假记载，虚增其他业务收入3.86亿元，虚增利润总额3.86亿元。

违法事实（三）

同济堂未及时披露及未在2016年至2019年年度报告中披露控股股东及其关联方非经营性占用资金的关联交易。

2016年1月至2019年12月，同济堂在未经过审议程序的情况下，直接或间接通过多家公司累计向控股股东湖北同济堂投资控股有限公司（以下简称同济堂控股）及其关联方提供非经营性资金25.92亿元（其中募集专户资金1.35亿元），截至2020年6月30日已归还11.31亿元，未归还14.61亿元。上述占用资金主要用于控股股东及其关联方偿还股票质押融资本息、大股东投资等用途，同济堂未及时披露。

违法事实（四）

同济堂未如实披露公司募集资金存放及实际使用情况。同济堂在2019年4月披露的《关于2018年募集资金存放及实际使用情况的专项说明》、2020年6月披露的《关于2019年募集资金存放及实际使用情况的专项说明》中未如实披露募集资金存放及实际使用情况。

违法事实（五）

同济堂未及时披露且未在《2018年年度报告》《2019年年度报告》中按规定披露为控股股东及其关联方提供担保及重大诉讼的有关事项。

2018年1月，同济堂为控股股东同济堂控股承担申万宏源证券有限公司（以下简称申万宏源）10亿元基金份额收购义务事项提供担保，2020年3月20日，申万宏源因同济堂控股未按期履行合同提起诉讼。2020年4月30日，法院裁定冻结同济堂控股、同济堂、张某华、李某银行存款共计人民币10.8亿元。

2018年9月同济堂为控股股东及其关联方向锯洲资产管理（上海）有限公司（以下简称锯洲资产）融资2亿元事项提供担保。2019年8月16日至2019年9月11日，同济堂控股至到期日未能全额偿还，锯洲资产提起诉讼。2019年9月9日，法院裁定冻结同济堂控股、湖北同济堂控股科技有限公司、张某华、李某、同济堂医药、武汉卓健投资有限公司、新疆嘉酿投资有限公司、同济堂银行存款人民币2.02亿元。

处罚情况

2022年4月，中国证监会对同济堂、张某华、李某、魏某桥下发行政处罚决定书：对同济堂公司责令改正，给予警告，并处以300万元罚款；对张某华、李某夫妇给予警告，并合并处以500万元罚款，其中作为直接负责的主管人员罚款300万元，作为实际控制人罚款200万元；对魏某桥给予警告，并处以100万元罚款。

同济堂时任董事长张某华，同济堂时任副董事长、总经理李某，同济堂时任董事、副总经理、财务总监魏某桥是涉案信息披露违法行为的主要策划者、组织实施者，系直接负责的主管人员。

其中，张某华、李某违法行为情节特别严重，依据《证券法》第二百二十一条和《证券市场禁入规定》(证监会令第115号，以下简称《禁入规定》)第三条第一项、第四条、第五条第三项和第七项的规定，中国证监会决定：对张某华、李某采取终身市场禁入措施；当事人魏某桥违法情节较为严重，依据《证券法》第二百二十一条和《禁入规定》第三条第一项、第四条、第五条的规定，中国证监会决定：对魏某桥采取10年市场禁入措施。

自中国证监会宣布决定之日起，上述人员在禁入期间内，除不得继续在原机构从事证券业务或者担任原上市公司、非上市公众公司董事、监事、高级管理人员职务外，也不得在其他任何机构中从事证券业务或者担任其他上市公司、非上市公众公司董事、监事、高级管理人员职务。

问题：你如何看待信息披露问题？

信息来源：中国证监会官网，有删改。

二、中介机构

1. 主要信用中介机构及业务

信息披露制度旨在向公司利益相关者提供必要的公司信息，通过信用中介机构让公司利益相关者相信公司所提供信息的真实性和可靠性。

主要的信用中介机构包括：会计师事务所、投资银行和律师事务所等。如果它们对公司披露的虚假信息表示认可，那么就会面临承担相应法律责任的风险，可能会受到政府部门的民事或刑事起诉，后果比较严重。

（1）会计师事务所

会计师事务所保证财务报告真实、准确地描述公司财务状况。专业会计师是保证会计师事务所信用的关键，他们通过审计服务建议公司建立严格的内部程序，以保证审计结果或经审计的财务报告达到最低质量标准。

（2）投资银行

投资银行是主要从事证券发行、承销、交易、企业重组、兼并与收购、投资分析、风险投资及项目融资等业务的非银行金融机构。它主要由一些专业金融投资分析师组成，他们能够对公司进行深度投资分析，评价公司投资价值。因此，投资分析结论对广大投资者投资决策有重大影响。另外，有投资银行参与的企业兼并、收购和重组等业务充分体现出投资银行的公司治理功能。

（3）律师事务所

在证券市场中，律师事务所的作用不容忽视。律师事务所会综合考虑接受发行公司准备的相关文件，提醒发行公司和投资银行遵守信息披露制度。

2. 信用中介机构的公司治理作用

信用中介机构的主要作用是保证公司披露信息的质量，如果信用中介机构出现失信行为，非但不能为利益相关者提供有效的公司信息，还可能加重公司对投资者的利益侵害，增加投资风险。因此中介机构独立性保证和信用机制体系建立至关重要。这些制度的有效性一方面依赖于中介机构人员的职业道德和专业能力，一方面取决于有效的制度设计。

提高中介机构的独立性可以采取两种方案：一方面通过制定一系列法律法规促使信用中介机构对投资者承担责任，如设立代表最低质量标准的信用中介机构许可证、调查中介机构违规案件、取消中介机构经营许可证，对情节严重者追究刑事责任。另一方面，建立二级信用中介机构以保证一级信用中介机构的质量，比如行业协会和自律组织等。

三、法律法规

公司治理是以法治为基础的，公司法、银行法、证券法、破产法、劳工法等各部门法律均会对公司治理产生重大影响。投资者法律保护主要是指一个国家的法律法规对投资者的保护条款及这些条款的执行情况。对中小投资者法律保护越好，公司价值越高。对小股东的权利保护较好时，普通投资者预期他们未来的投资收益被大股东剥夺的可能性较小，从而更愿意购买这些公司的股票。相反，对小股东的权利保护较差时，普通投资者面临着很大的被大股东欺诈的可能性，因而不能实现他们应该得到的未来收益。在这种情况下，普通投资者愿意为这些公司的股票付出的价格就低，在极端的情况下甚至可能迫使一些公司退出股票市场。

四、政府监管

政府监管的必要性和重要性在于：一是信息不对称问题导市场失灵；二是法律的不完备性。我国的市场所存在的缺陷，必须借助政府来克服。同时，政府为了促进就业，为了经济增长，为了收取税收，也必然要关注公司稳定和公司各方利益，必然要对公司实施监管。

有效的政府监管体系应包括以下四个方面。

1. 法律监管

法律具有权威性与强制性，对公司治理中各主体和客体的行为具有最权威的强制性约束，是其他形式监督的依据和基础。法律监管应从两个方面进行：①制定法律规章，即立法监管；②法院执法，即司法介入监管。

2. 行政监管

法律监管有其不足之处：①法律规章的制定不完善、不健全；②司法介入监管一般是被动的和事后的，不利于保护受损人的利益。因此，就有必要引入能主动执法的机构，即政府各级行政机关。因此，行政监管就是指各级行政机关依法律的授权和规定对公司治理中各主体和客体的行为所进行的监督。行政监管的主体主要有证券委及其派出机构、财政部、国资委、银保监会等。

3. 市场环境监管

市场环境监管是指政府通过对市场环境的建设来达到公司治理的目的。良好的公司治理依赖充分竞争和完备的市场体系，如竞争的产品市场、资本市场、经理人市场、劳动力市场、健康的破产机制等。而良好的市场体系，必然要依靠政府去培育和营造。

4. 信息披露监管

上市公司信息披露的管理体制是一国或地区对上市公司信息披露行为所采取的管理体系、管理结构和管理手段的总称，是上市公司监管体制的重要组成部分。负责上市公司信息披露监管的管理机构主要包括证券主管机关和证券交易所。

五、媒体、专业人士的舆论监督

舆论监督的实施主体主要分为两个层次，即公众和媒体层次。公众作为舆论监督的主体，是舆论话题的发现者与提供者。而媒体一方面是公众舆论监督的实现途径和输出管道，另一方面也是舆论监督话题的发现者与供应者。可以说，媒体在舆论监督中负有双重任务。媒体监督具有全方位性和独立性，媒体监督无处不在，它对公司治理主体和客体构成现实的和潜在的监督。它通过对公司的一些重大违法事件的揭露来提高监督效率。同时它还对行政监管行为进行监督，通过对公司违规行为的调查披露，迫使行政监管部门提高监管效率，迫使立法机关加快立法的进程，从而促进了行政监管效率和法律监管效率的提高。

公众监督对公司治理的影响主要来自专业人士的作用，包括公司治理、公司财务等方面的专家和学者。他们对上市公司治理评价以及虚假信息披露等问题的分析发挥了专业人士积极的公司治理监督作用。

专业人士监督

想当年，作为中央财经大学的一名研究人员，刘某威以一篇600字的短文——《应立即停止对蓝田股份发放贷款》，一举击碎了"蓝田神话"。借此，她当选为"2002年中国经济年度人物"。CCTV给她的颁奖词这样说："她是那个童话里说'皇帝没穿衣服'的孩子，一句真话险些给她惹来杀身之祸。她对社会的关爱与坚持真理的风骨，体现了知识分子的本分、独立、良知与韧性。"

2015年，刘某威在一篇题为《严格控制上市公司实际控制人减持套现》的文章中写道：最近有媒体报道，2015年5月上市公司高管的减持交易1167笔，6月刚过半个月，上市公司高管减持市值已达1 600亿元，与5月合计将超过2014年全年。接着，她以乐视网实际控制人、董事长、总经理贾某亭为例，算出他在3天内套现25亿元。刘某威接着写道：如果上市公司经济状况良好，上市公司的实际控制人、董事长、总经理不会减持股票，每年的股票分红足以让他们拥有足够的现金。如果上市公司的实际控制人、董事长、总经理连续大幅减持股票、套现,我们只能判断:公司的持续经营状况出现了问题。最后,刘某威建议,上市公司的实际控制人、董事长、总经理减持套现须提前一个月公示,公示一个月后,才能减持套现。

如果单从这篇文章看,刘某威可能并没有存心和乐视"过不去",只是举了个例子而已。而且,其出发点确实是对股市、对广大股民的爱护。虽然,她的一些判断,如:"如果上市公司经济状况良好,每年的股票分红足以让他们(减持的高管)拥有足够的现金"有点过于书生气——那得是运行状况多良好的公司啊!你以为大家都是苹果吗?但接下来的第二篇文章《乐视网分析报告》及第三篇文章《乐视网涉嫌违规隐瞒公司盈产信息》则真的是在对乐视质疑了。只不过,刘某威所质疑的乐视"烧钱模式"恰恰被很多网民看成是互联网公司的特点,而刘某威则被认为是落后于时代了。

其实,抛开刘某威对乐视的一些具体质疑不谈,刘某威的文章中还是提出了一些有价值的看法的。比如,刘某威提到,我国证券市场还有一个很大的风险:以"故事"和"概念"的想象空间吹高股价。如果任其发展下去,不论是讲故事的人还是听故事的人都会遭遇灭顶之灾。这难道不是逆耳忠言吗?再比如,刘某威不惜啰里啰唆地引用《中华人民共和国证券法》《企业会计准则第30号》的有关条文,来证明乐视网没有按规定披露主营业务利润的构成情况,没有说明营业利润来源——没有按规定披露有关信息,总是不对吧?可惜,这些有价值的看法,因为刘某威的"不懂互联网",也变得没有关注价值了。世界在变。一方面变得生机盎然、万物勃发;一方面,有些事情还真变得不是谁都看得懂了。

问题:你如何看待刘某威对乐视的分析?

资源来源:孙滢.看刘某威杠上乐视.这世界真是变了[J].中国机电工业,2015(7):15.有删改。

复习思考题

即测即练

1. 企业制度是如何演进的?
2. 简述公司制企业的特征。
3. 公司治理问题是如何产生的?
4. 公司治理的主要问题是什么?
5. 简述内部人控制和隧道挖掘的成因、表现和对策。
6. 公司内部治理机构包括哪些?
7. 公司治理的基础设施有哪些?
8. 公司治理的基本原则有哪些?
9. 简述公司治理与战略管理的关系。
10. 简述董事会在公司治理中的意义。
11. 高管激励机制有哪些?
12. 说说公司治理面临的新挑战。

第六章
风险与风险管理

学习目标

1. 理解风险和风险管理的概念；
2. 掌握中央企业风险管理的目标；
3. 熟悉风险的分类；
4. 掌握衍生金融工具与风险管理的关系；
5. 掌握远期、互换、期货和期权的基本原理；
6. 掌握风险管理的技术与方法，掌握每种方法的适用范围。

引导案例▶▶

中行原油宝巨亏

2020年全球原油价格迭创新低，到2020年3月中旬，我国大量散户投资者借道中行、工行、民生等银行渠道，抄底原油期货。但令所有人瞠目结舌的是，2020年4月20日晚间，美国WTI原油期货5月合约到期结算价暴跌超300%至-37.63美元/桶，创下历史首次负值纪录。尽管有些机构认为油价最终会恢复到50美元/桶的正常水平，但这样的大趋势对经历负油价的多头们来说已毫无意义，因为他们的本金已悉数亏完，甚至还倒欠巨额债务，中行原油宝的投资者就是其中一员。中行公告显示，-37.63美元/桶的结算价格被确认有效，而有些客户已收到了中行要求多头持仓客户根据平仓损益及时补足交割款的短信，甚至还有截图显示，有人需补足高达数百万元的款项。100%的保证金，中行的金字招牌，相较价格中枢打三折的超低价……有了这些已知条件，投资者最坏的预期无非是本金不保，但无论对抄底原油的人，还是对风暴眼中的中行，都未料想到油价竟然可以为负，以至于双方产生了巨大分歧：由于20日22点之后中行暂停原油宝交易，那之后产生的亏损究竟由谁承担？但回顾这场"史诗级"的负油价，其中暴露出的风险管理漏洞，足以让金融机构和所有投资者警醒。

对中行来说，其在产品设计、临时应变方面都存在明显硬伤。比如，和其他银行提前一周左右平仓不同，中行的原油宝是临近合约最后一天才平仓，由于该合约平仓或者移仓已经基本完成，此时能够交易的对手已经很少，期货交易价格容易失真，尤其是在当前极端的市场环境下，这种失真的可能性更大，程度也可能更剧烈。在临时应变方面，中行的行动也十分迟缓，早在4月3日，芝商所就通知修改了IT系统的代码，允许"负油价"申报和成交，并从4月5日开始生效，但这似乎没有引起中行重视，直到20日晚上，中行还"正积极联络芝商所，确认结算价格的有效性和相关结算安排"。

中行固然有问题，但投资者同样需要为自己的冲动买单。3月中旬，大量投资者涌入原油期货市场抄底，由于买盘太多，工行一度暂停了原油买入操作。这些突击进入市场的投资者，其最主要的决策依据是原油价格来到十多年来的低点，"跌无可跌"，至于原油库存的瓶颈、原油继续减产的可能性、经济恢复的速度等等因素则不在考虑之列。由于期货知识储备较少，跟风者容易将期货当成股票，有些连基本的移仓规则都不清楚，有些投资者甚至因为移仓后持仓数量减少而投诉银行。部分中行原油宝的投资者，不知道更改合约到期方式，也不知道可以在到期日前手动平仓，持有仓位却甘做鸵鸟，忘记了风险，更忘记了及时主动止损自救。

即便是最强大的石油企业，在石油期货等衍生品上巨亏的案例也不少见，更不用说毫无信息、资金、专业优势的散户，经此一次，投资者当对市场和专业抱有更强的敬畏之心，不要轻言战胜交易对手。而对中行等机构来说，更需要高度重视风险问题：如果产品规则太过简单而操作又太过机械，那等于在牌桌上亮明了自己的底牌，容易成为他人的攻击目标。比如，有分析师指出，中行在20日晚被迫大量平仓的操作"早就被盯上了"，而工行、建行在移仓时，也遇到了类似的空头狙击，只是情况没有中行那般极端。此外，机构还需要注意现有的交易系统、风控手段能否适应负油价，投资者适当性管理是否合理，如果不能及时堵上这些漏洞，中行原油宝的窘境就可能重现。

"原油宝"事件给我国金融机构敲响了警钟。国务院金融委召开的第二十八次会议中表示，要高度重视当前国际商品市场价格波动所带来的部分金融产品风险问题，增强风险意识，强化风险管控。要控制外溢性，把握适度性，提高专业性，尊重契约，理清责任，保护投资者合法利益。

问题：你如何看待上述事件中的风险管理问题？

资源来源：每日经济新闻/2020年/4月/23日/第001版杜恒峰

杜恒峰.中行原油宝巨亏是一堂惨痛风险教育课[EB/OL].每日经济新闻.[2020-04-22].https://baijiahao.baidu.com/s?id=1664688853460175310&wfr=spider&for=pc.有删改.

自2005年以来，国有企业接连陷入巨亏的噩梦。为增强企业竞争力，提高投资回报，促进企业持续、健康、稳定发展，指导企业开展全面风险管理工作，进一步提高企业管理水平，国务院国有资产监督管理委员会于2006年颁布了《中央企业全面风险管理指引》。

《中央企业全面风险管理指引》共十章七十条，对中央企业开展全面风险管理工作的总体原则、基本流程、组织体系、风险评估、风险管理策略、风险管理解决方案、监督与改进、风险管理文化、风险管理信息系统等方面进行了详细阐述。

基本内容框架

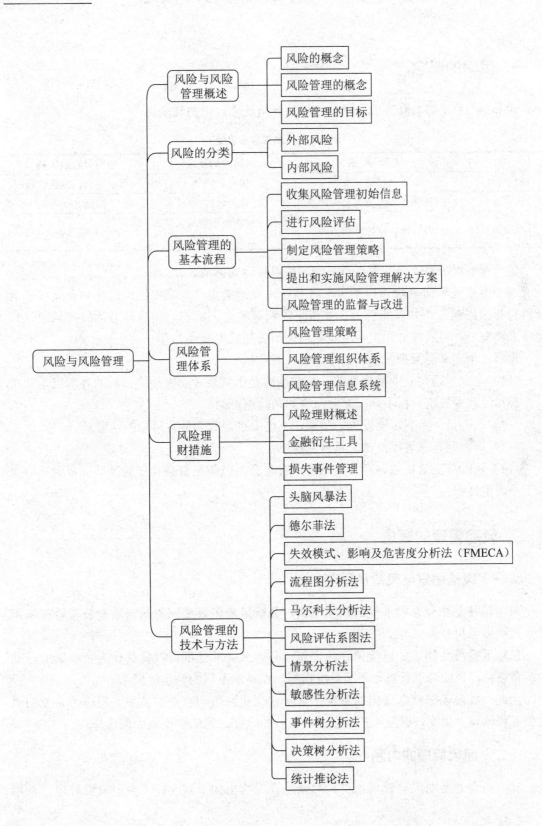

第一节 风险与风险管理概述

一、风险的概念

表 6-1 汇总了随着社会的发展，人们的风险观念发生的转变。

表 6-1 风险观念的改变

	风险内涵	对风险的反应	应对风险的机制
前现代社会	命运、迷信、罪恶	接受、责备	补偿、惩罚、复仇、报应
现代社会	可预测、可度量的负面因素	避免、保护	赔偿、财务
现代市场经济	可管理、可操纵的机会	接受专业的控制建议，建立自我纠错系统	系统改善

国际标准组织对风险的定义是不确定性对目标的影响。

《中央企业全面风险管理指引》将企业风险定义为"未来的不确定性对企业实现其经营目标的影响"，并以能否为企业带来盈利等机会为标志，将风险分为纯粹风险（只有带来损失一种可能性）和机会风险（损失和盈利的可能性并存）。

理解这个定义需要把握以下几个方面。

（1）企业风险与企业战略相关。企业风险是影响企业实现战略目标的各种因素和事项，公司经营中战略目标不同，企业面临的风险也不同。

（2）风险是一系列可能发生的结果，不能简单理解为最有可能的结果。

（3）风险既具有客观性，又具有主观性。

（4）风险总是与机遇并存。有风险才有机会，风险是机会存在的基础。金融价值来源于不确定性。

二、风险管理的概念

（一）风险偏好与风险承受度

风险偏好是企业希望承受的风险范围，分析风险偏好要回答的问题是公司希望承担什么风险和承担多少风险。

风险承受度是指企业风险偏好的边界，分析风险承受度可以将其作为企业采取行动的预警指标，企业可以设置若干承受度指标，以显示不同的警示级别。

因此，风险偏好概念提出的意义在于研究企业风险和收益的关系，明确了企业的风险偏好和风险承受度，就能够把握企业在风险和收益之间的平衡点如何选择。

（二）风险管理的内涵

《中央企业全面风险管理指引》对风险管理给出如下定义："全面风险管理，是指企业围绕总体经营目标，通过在企业管理的各个环节和经营过程中执行风险管理的基本流程，培育良好的风险管理文化，建立健全全面风险管理体系，包括风险管理策略、风险理财措施、风险管理的组织职能体系、风险管理信息系统和内部控制系统，从而为实现风险管理的总体目标提供合理保证的过程和方法。"

这一定义体现了企业风险风险管理具有以下特征。

（1）战略性。风险管理主要运用于企业战略管理层面。

（2）全员化。风险管理由企业治理层、管理层和所有员工参与。

（3）专业性。风险管理要求由专业人才实施专业化管理。

（4）二重性。企业全面风险管理的商业使命在于：①损失最小化管理；②不确定性管理；③绩效最优化管理。全面风险管理既要管理纯粹的风险，也要管理机会风险。

（5）系统性。全面风险管理必须拥有一套系统的、规范的方法，来确保所有的风险都得到识别，而且所有的风险都得到管理。

三、风险管理的目标

我国《中央企业全面风险管理指引》设定了风险管理如下的目标。

（1）确保将风险控制在与公司总体目标相适应并可承受的范围内。

（2）确保内外部，尤其是企业与股东之间实现真实、可靠的信息沟通，包括编制和提供真实、可靠的财务报告。

（3）确保遵守有关法律法规。

（4）确保企业有关规章制度和为实现经营目标而采取重大措施的贯彻执行，保障经营管理的有效性，提高经营活动的效率和效果，降低实现经营目标的不确定性。

（5）确保企业建立针对各项重大风险发生后的危机处理计划，保护企业不因灾害性风险或人为失误而遭受重大损失。

第二节 风险的分类

企业面对的主要风险分为两大类：外部风险和内部风险。

一、外部风险

（一）政治风险

政治风险是指完全或部分由政府官员行使权力和政府组织的行为而产生的不确定性。政治风险常常表现以下几个方面。

1. 限制投资领域

大多数国家对于外国企业对本国的投资领域进行限制。

2. 设置贸易壁垒

近年来,西方一些发达国家对于新兴经济体企业与本国的贸易设置了多种壁垒,如制定限制本国高新技术产品出口等知识产权保护政策。

3. 外汇管制规定

通常欠发达国家的外汇管制规定更为严格。

4. 进口配额和关税

规定进口配额可以限制在东道国内的子公司从其控股公司购买投放到国内市场上销售的商品数量。

5. 组织结构及要求最低持股比例

凭借要求所有投资必须采取与东道国的公司联营的方式,东道国政府可决定组织结构。最低持股比例是指外资公司的部分股权必须由当地投资人持有。

6. 限制向东道国的银行借款

这种限制迫使外资企业将外币带入本国。

7. 没收资产

出于国家利益的考虑,东道国可能会没收外国企业的财产。

(二)法律风险与合规风险

合规风险是指因违反法律或监管要求而受到制裁、遭受金融损失以及因未能遵守适用法律、法规、行为准则或相关标准而给企业信誉带来损失的可能性。

法律风险是指企业在经营过程中因自身经营行为的不规范或者外部法律环境发生重大变化而造成的不利法律后果的可能性。法律风险通常包括以下三方面:一是法律环境因素,包括立法不完备、执法不公正等;二是市场主体自身法律意识淡薄,在经营活动中不考虑法律因素等;三是交易相对方的失信、违约或欺诈等。

合规风险侧重于行政责任和道德责任的承担,而法律风险侧重于民事责任的承担。比如银行与客户约定的利率超出了人民银行规定的基准利率幅度,那么,银行合规风险突出表现在监管机关的行政处罚、重大财产损失和声誉损失风方面,而法律风险则侧重于表现为银行对客户民事赔偿责任的承担。

(三)社会文化风险

文化风险就是指文化这一不确定性因素给企业经营活动带来的影响。

马克·赫斯切(Mark Hirschey)认为文化风险产生于那些追求全球投资战略的公司(同样适用于在一国市场经营的企业),因不同的社会习惯而存在的产品市场差异,使人们难以预测哪种产品会在外国市场上受欢迎。

文化风险存在并作用于企业经营的更深领域,主要有以下方面。

1. 跨国经营活动引发的文化风险

文化的差异直接影响着跨国企业的实践,构成经营中的文化风险。公司内部的跨文化经营管理活动大量增加,产生了许多误会和不必要的摩擦,影响了公司工作的有效运行。

2. 企业并购活动引发的文化风险

并购活动导致双方文化的直接碰撞与交流。

3. 组织内部因素引发的文化风险

即使没有并购和跨国经营，企业也会面临组织文化与地区文化，外来文化的交流问题以及组织文化的更新问题。

（四）技术风险

广义的技术风险是指某一种新技术对某一行业或某些企业带来增长机会的同时，可能对另一行业或另一些企业形成巨大的威胁。

狭义的技术风险就是在技术创新过程中，由于技术本身复杂性和其他相关因素变化产生的不确定性而导致技术创新遭遇失败的可能性。

从技术活动过程所处的不同阶段考察，可以划分为技术设计风险、技术研发风险、技术应用风险。

技术设计风险是指技术在设计阶段，由于技术构思或设想的不全面性致使技术及技术系统存在先天"缺陷"或创新不足而引发的各种风险。

技术研发风险是指在技术研究或开发阶段，由于外界环境变化的不确定性、技术研发项目本身的难度和复杂性、技术研发人员自身知识和能力的有限性可能导致技术的研发面临着失败的危险。

技术应用风险是指由于技术成果在产品化、产业化的过程中所带来的一系列不确定性的负面影响或效应。

（五）市场风险

市场风险是指企业所面对的外部市场的复杂性和变动性所带来的与经营相关的风险。依据《中央企业全面风险管理指引》，市场风险至少要考虑以下几个方面。

（1）产品或服务的价格及供需变化带来的风险。

（2）能源、原材料、配件等物资供应的充足性、稳定性和价格的变化带来的风险。

（3）主要客户、供应商的信用风险。

（4）税收政策和利率、汇率、股票价格指数的变化带来的风险。

（5）潜在进入者、竞争者与替代品的竞争带来的风险。

二、内部风险

（一）战略风险

战略风险是指企业在战略管理过程中，由内外部环境的复杂性和变动性以及主体对环境的认知能力和适应能力的有限性，而导致企业整体损失和战略目标无法实现的可能性及损失。

（二）运营风险

运营风险是指企业在运营过程中，由于外部环境的复杂性和变动性以及主体对环境的认知能力和适应能力的有限性，而导致的运营失败或使运营活动达不到预期目标的可能性及其损失。

依据《中央企业全面风险管理指引》，运营风险至少要考虑以下几个方面。

（1）企业产品结构、新产品研发方面可能引发的风险。

（2）企业新市场开发，市场营销策略（包括产品或服务定价与销售渠道，市场营销环境状况等）方面可能引发的风险。

（3）企业组织效能、管理现状、企业文化，高、中层管理人员和重要业务流程中专业人员的知识结构、专业经验等方面可能引发的风险。

（4）期货等衍生产品业务中发生失误带来的风险。

（5）质量、安全、环保、信息安全等管理中发生失误导致的风险。

（6）因企业内、外部人员的道德风险或业务控制系统失灵导致的风险。

（7）给企业造成损失的自然灾害等风险。

（8）企业现有业务流程和信息系统操作运行情况的监管、运行评价及持续改进能力方面引发的风险。

（三）财务风险

财务风险是指企业在生产经营过程中，同于内外部环境的各种难以预料或无法控制的不确定性因素的作用，使企业在一定时期内所获取的财务收益与预期收益发生偏差的可能性。财务风险是客观存在的。企业管理者对财务风险只有采取有效措施来降低风险，而不可能完全消除风险。

第三节　风险管理的基本流程

风险管理基本流程包括以下主要工作：①收集风险管理初始信息；②进行风险评估；③制定风险管理策略；④提出和实施风险管理解决方案；⑤风险管理的监督与改进（见图6-1）。

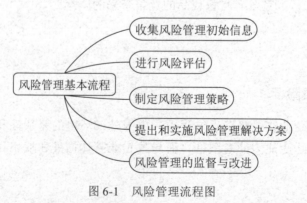

图6-1　风险管理流程图

一、收集风险管理初始信息

要广泛地、持续不断地收集与本企业风险和风险管理相关的内外部初始信息,包括历史数据和未来预测。应把收集初始信息的职责分工落实到各有关职能部门和业务单位。

收集初始信息,要根据所分析的风险类型具体展开。

1. 分析战略风险

企业应广泛收集国内外企业战略风险失控导致企业蒙受损失的案例,并至少收集与本企业相关的以下重要信息。

(1)国内外宏观经济政策以及经济运行情况、企业所在产业的状况、国家产业政策。

(2)科技进步、技术创新的有关内容。

(3)市场对该企业产品或服务的需求。

(4)该企业主要客户、供应商及竞争对手的有关情况。

(5)与企业战略合作伙伴的关系,未来寻求战略合作伙伴的可能性。

(6)与主要竞争对手相比,该企业实力与差距。

(7)本企业发展战略和规划、投融资计划、年度经营目标、经营战略,以及编制这些战略、规划、计划、目标的有关依据。

(8)该企业对外投融资流程中曾发生或易发生错误的业务流程或环节。

2. 分析财务风险

企业应广泛收集国内外企业财务风险失控导致危机的案例,并至少收集本企业的以下重要信息。

(1)负债、或有负债、负债率、偿债能力。

(2)现金流、应收账款及其占销售收入的比重、资金周转率。

(3)产品存货及其占销售成本的比重、应付账款及其占购货额的比重。

(4)制造成本和管理费用、财务费用、营业费用。

(5)盈利能力。

(6)成本核算、资金结算和现金管理业务中曾发生或易发生错误的业务流程或环节。

(7)与本企业相关的产业会计政策、会计估算、与国际会计制度的差异与调节(如退休金、递延税项等)等信息。

3. 分析市场风险

企业应广泛收集国内外企业忽视市场风险、缺乏应对措施导致企业蒙受损失的案例,并至少收集与该企业相关的以下重要信息。

(1)产品或服务的价格及供需变化。

(2)能源、原材料、配件等物资供应的充足性、稳定性和价格变化。

(3)主要客户、主要供应商的信用情况。

(4)税收政策和利率、汇率、股票价格指数的变化。

(5)潜在竞争者、竞争者及其主要产品、替代品情况。

4. 分析运营风险

企业应至少收集与本企业、本产业相关的以下信息。

（1）产品结构、新产品研发。

（2）新市场开发、市场营销策略，包括产品或服务定价与销售渠道，市场营销环境状况等。

（3）企业组织效能、管理现状、企业文化，高、中层管理人员和重要业务流程中专业人员的知识结构、专业经验。

（4）期货等衍生产品业务中曾发生或易发生失误的流程和环节。

（5）质量、安全、环保、信息安全等管理中曾发生或易发生失误的业务流程或环节。

（6）因企业内、外部人员的道德风险致使企业遭受损失或业务控制系统失灵。

（7）给企业造成损失的自然灾害以及除上述有关情形之外的其他纯粹风险。

（8）对现有业务流程和信息系统操作运行情况的监管、运行评价及持续改进能力。

（9）企业风险管理的现状和能力。

5. 分析法律风险

企业应广泛收集国内外企业忽视法律法规风险、缺乏应对措施导致企业蒙受损失的案例，并至少收集与该企业相关的以下信息。

（1）国内外与该企业相关的政治、法律环境。

（2）影响企业的新法律法规和政策。

（3）员工道德操守的遵从性。

（4）该企业签订的重大协议和有关贸易合同。

（5）该企业发生重大法律纠纷案件的情况。

（6）企业和竞争对手的知识产权情况。

企业还要对收集的初始信息应进行必要的筛选、提炼、对比、分类、组合，以便进行风险评估。

二、进行风险评估

包括风险辨识、风险分析、风险评价三个步骤。

风险辨识是指查找企业各业务单元、各项重要经营活动及其重要业务流程中有无风险，有哪些风险。风险分析是对辨识出的风险及其特征进行明确的定义描述，分析和描述风险发生可能性的高低、风险发生的条件。风险评价是评估风险对企业实现目标的影响程度、风险的价值等。

进行风险辨识、分析、评价，应将定性与定量方法相结合。

风险分析应包括风险之间的关系分析，以便发现各风险之间的自然对冲、风险事件发生的正负相关性等组合效应，从风险策略上对风险进行统一集中管理。

企业在评估多项风险时，应根据对风险发生可能性的高低和对目标的影响程度的评估，绘制风险坐标图，对各项风险进行比较，初步确定对各项风险的管理优先顺序和策略。

风险评估应由企业组织有关职能部门和业务单位实施，也可聘请有资质、信誉好、风险管理专业能力强的中介机构协助实施。

企业应对风险管理信息实行动态管理，定期或不定期实施风险辨识、分析、评价，以便对新的风险和原有风险的变化重新评估。

三、制定风险管理策略

风险管理基本流程的第三步是制定风险管理策略。风险管理策略，是指企业根据自身条件和外部环境，围绕企业发展战略，确定风险偏好、风险承受度、风险管理有效性标准，选择风险承担、风险规避、风险转移、风险转换、风险对冲、风险补偿、风险控制等适合的风险管理工具的总体策略，并确定风险管理所需人力和财力资源的配置。

制定风险管理策略的一个关键环节是企业应根据不同业务特点统一确定风险偏好和风险承受度。要正确认识和把握风险与收益的平衡，防止和纠正两种错误倾向：一是忽视风险；二是单纯为规避风险而放弃发展机遇。

在制定风险管理策略时，还应根据风险与收益相平衡的原则及各风险在风险坐标图上的位置，进一步确定风险管理的优先顺序，明确风险管理成本的资金预算和控制风险的组织体系、人力资源、应对措施等总体安排。

对于已经制定和实施的风险管理策略，企业应定期总结和分析已制定的风险管理策略的有效性和合理性，结合实际不断修订和完善。

四、提出和实施风险管理解决方案

（一）风险管理解决方案的两种类型

从大的分类看，风险管理解决方案可以分为外部和内部解决方案。

1. 外部解决方案

外部解决方案一般是指外包。企业经营活动外包是利用产业链分工提高运营效率的必要措施。将有关方面的工作外包，可以降低企业风险，提升效率。制订外包方案，应注重成本与收益的平衡、外包工作的质量、自身商业秘密的保护以及防止自身对外包产生依赖，并制定相应的预防和控制措施。

2. 内部解决方案

内部解决方案是指风险管理体系的运转。在具体实施中，一般是以下几种手段的综合应用：风险管理策略；组织职能；内部控制；信息系统；风险理财措施。

（二）关键风险指标管理

关键风险指标管理是对引起风险事件发生的关键成因指标进行管理的方法。

关键风险指标管理可以管理单项风险的多个关键成因，也可以管理影响企业主要目标的多个主要风险。

1. 关键风险指标管理的步骤

关键风险指标管理的步骤一般如下进行。

（1）分析风险成因，从中找出关键成因。例如，经过数据分析，认定影响盈利的主要风险是信用风险，其代表性的风险事件是客户还款不及时，导致应收账款大量增加。

（2）将关键成因量化，确定其度量，分析确定导致风险事件发生（或极有可能发生）时该成因的具体数值。上例中，将应收账款进一步量化，得到月度坏账损失额、每日未回收的应收账款和客户结构变化率三个量化指标，并得出预警值。

（3）以该具体数值为基础，以发出风险信息为目的，加上或减去一定数值后形成新的数值，该数值即为关键风险指标。

（4）建立风险预警系统，即当关键成因数值达到关键风险指标时，发出风险预警信息。

（5）制定出现风险预警信息时应采取的风险控制措施。

（6）跟踪监测关键成因的变化，一旦出现预警，即实施风险控制措施。

2. 关键风险指标分解

关键风险指标的分解要注意职能部门和业务单位之间的协调。关键是从企业整体出发和把风险控制在一定范围内。对一个具体单位而言，不可采用"最大化"的说法。比如，信用管理部门负责信用风险的管理，如果其强调最小化信用风险，紧缩信用，则会给负责扩大市场占有率和销量的市场和销售部门造成伤害，从而影响公司整体目标的实现。

对于关键风险指标的分解，要兼顾各职能部门和业务单位的诉求。一个可行的方法是在企业的总体领导和整体战略的指导下进行部门和业务单位间的协调。

（三）落实风险管理解决方案

（1）高度重视，要认识到风险管理是企业时刻不可放松的工作，是企业价值创造的根本源泉。

（2）风险管理是企业全员的分内工作，没有风险的岗位是不创造价值的岗位，没有理由存在。

（3）落实到组织，明确分工和责任，全员进行风险管理。

（4）为确保工作的效果，落实到位，要对风险管理解决方案的实施进行持续监控和改进，并与绩效考核联系起来。

五、风险管理的监督与改进

企业应以重大风险、重大事件和重大决策、重要管理及业务流程为重点，对风险管理初始信息、风险评估、风险管理策略、关键控制活动及风险管理解决方案的实施情况进行监督，采用压力测试、返回测试、穿行测试以及风险控制自我评估等方法对风险管理的有效性进行检验，根据变化情况和存在的缺陷及时加以改进。

企业各有关部门和业务单位应定期对风险管理工作进行自查和检验，及时发现缺陷并改进，其检查、检验报告应及时报送企业风险管理职能部门。

企业风险管理职能部门应定期对各部门和业务单位风险管理工作实施情况和有效性进行检查和检验，要根据在制定风险策略时提出的有效性标准的要求对风险管理策略进行评估，对跨部门和业务单位的风险管理解决方案进行评价，提出调整或改进建议，出具评价和建议报告，及时报送企业总经理或其委托分管风险管理工作的高级管理人员。

企业内部审计部门应至少每年一次对包括风险管理职能部门在内的各有关部门和业务单位能否按照有关规定开展风险管理工作及其工作效果进行监督评价，监督评价报告应直接报送董事会或董事会下设的风险管理委员会和审计委员会。此项工作也可结合年度审计、任期审计或专项审计工作一并开展。

企业可聘请有资质、信誉好、风险管理专业能力强的中介机构对企业全面风险管理工作进行评价，出具风险管理评估和建议专项报告。报告一般应包括以下几方面的实施情况、存在缺陷和改进建议。

（1）风险管理基本流程与风险管理策略。
（2）企业重大风险、重大事件和重要管理及业务流程的风险管理及内部控制系统的建设。
（3）风险管理组织体系与信息系统。
（4）全面风险管理总体目标。

第四节　风险管理体系

《中央企业全面风险管理指引》指出，企业风险管理体系包括五大体系：①风险管理策略；②风险理财措施；③风险管理的组织职能体系；④风险管理信息系统；⑤内部控制系统。

风险理财措施在下一节阐述，内部控制具体内容见下一章。

一、风险管理策略

（一）风险管理策略的概念

风险管理策略，是指企业根据自身条件和外部环境，围绕企业发展战略，确定风险偏好、风险承受度、风险管理有效性标准，选择风险承担、风险规避、风险转移、风险转换、风险对冲、风险补偿、风险控制等适合的风险管理工具的总体策略，并确定风险管理所需人力和财力资源的配置原则和总体策略。

（二）风险管理策略的工具

风险管理工具共有七种：风险承担、风险规避、风险转移、风险转换、风险对冲、风险补偿、风险控制。

1. 风险承担

风险承担亦称风险保留、风险自留。是指企业对所面临的风险采取接受的态度，从而承担风险带来的后果。

对未能辨识出的风险，企业只能采用风险承担。

对于辨识出的风险，企业也可能由于以下几种原因采用风险承担：①缺乏能力进行主动管理；②没有其他备选方案；③从成本效益考虑，这一方案是最适宜的方案。

对于企业的重大风险，即影响到企业目标实现的风险，企业一般不应采用风险承担。

2. 风险规避

风险规避是指企业回避、停止或退出蕴含某一风险的商业活动或商业环境，避免成为风险的所有人。例如下面几种方式。

（1）退出某一市场以避免激烈竞争。

（2）拒绝与信用不好的交易对手进行交易。

（3）外包某项对工人健康安全风险较高的工作。

（4）停止生产可能有潜在安全隐患的产品。

（5）禁止各业务单位在金融市场进行投机。

（6）禁止员工访问某些网站或下载某些内容。

3. 风险转移

风险转移是指企业通过合同将风险转移到第三方，企业对转移后的风险不再拥有所有权。转移风险不会降低其风险后果的严重程度，只是从一方转移到另一方。例如下面几种方式。

（1）保险：保险合同规定保险公司为预定的损失支付补偿，投保人要向保险公司支付保险费。

（2）非保险型的风险转移：将风险可能导致的财务风险损失负担转移给非保险机构。例如，服务保证书等。

（3）风险证券化：将风险事件作为保险标的，通过构造和在资本市场上发行保险连接型证券，使风险得以分散。这种债券的利息支付和本金偿还取决于某个风险事件的发生或严重程度。

4. 风险转换

风险转换是指企业通过战略调整等手段将企业面临的风险转换成另一个风险。风险转换的手段包括战略调整和衍生产品等。

风险转换一般不会直接降低企业的总风险，其简单形式就是在减少某一风险的同时，增加另一风险。例如，通过放松交易客户信用标准，增加了应收账款，但扩大了销售。

企业可以通过风险转换在两个或多个风险之间进行调整，以达到最佳效果。风险转换可以在低成本或者无成本的情况下达到目的。

5. 风险对冲

风险对冲是指采取各种手段，引入多个风险因素或承担多个风险，使得这些风险能够互相对冲，也就是，使这些风险的影响互相抵销。例如，资产组合使用、多种外币结算的使用和战略上的多种经营等。

在金融资产管理中,对冲也包括使用衍生产品,如利用期货进行套期保值。在企业的风险中,有些风险具有自然对冲的性质,应当加以利用。例如,不同行业的经济周期风险对冲。

风险对冲必须涉及风险组合;对于单一风险,只能进行风险规避、风险控制。

6. 风险补偿

风险补偿是指企业对风险可能造成的损失采取适当的措施进行补偿。风险补偿表现在企业主动承担风险,并采取措施以补偿可能的损失。

风险补偿的形式有财务补偿、人力补偿、物资补偿等。财务补偿是损失融资,包括企业自身的风险准备金或应急资本等。

7. 风险控制

风险控制是指通过控制风险事件发生的动因、环境、条件等,来达到减轻风险事件发生时的损失或降低风险事件发生的概率的目的。

通常影响某一风险的因素有很多。风险控制可以通过控制这些因素中的一个或多个来达到目的,但主要的是风险事件发生的概率和发生后的损失。

风险控制对象一般是可控风险,包括多数运营风险,如质量、安全和环境风险,以及法律风险中的合规性风险。

一般情况下,对战略、财务、运营和法律风险,可采取风险承担、风险规避、风险转换、风险控制等方法。对能够通过保险、期货、对冲等金融手段进行理财的风险,可以采用风险转移、风险对冲、风险补偿等方法。

(三)确定风险偏好和风险承受度

风险偏好和风险承受度是风险管理策略的重要组成部分。一般来讲,风险偏好和风险承受度是针对公司的重大风险制定的。重大风险的风险偏好是企业的重大决策,应由董事会决定。

(四)风险度量

1. 关键在于量化

风险偏好可以定性,风险承受度一定要定量。

2. 风险度量方法

风险度量模型是指度量风险的方法。确定合适的企业风险度量模型是建立风险管理策略的需要。企业应该采取统一制定的风险度量模型,对所采取的风险度量取得共识;但不一定在整个企业使用唯一的风险度量,允许对不同的风险采取不同的度量方法。

(1) 最大可能损失:风险事件发生后可能造成的最大损失。

(2) 概率值:风险事件发生的概率或造成损失的概率。

(3) 期望值:指数学期望,即概率加权平均值。

(4) 波动性:一般用方差或标准差描述波动性。

（5）在险值：又称 VAR，是指在正常的市场条件下，在给定的时间段中，在给定的置信区间内，预期可能发生的最大损失。一个组合在 10 天中 95%VaR 是 1 000 万美元，那么在任意 10 天中该组合 95% 置信度下的最大损失不会超过 1 000 万美元。

（五）风险管理的有效性标准

风险管理有效性标准的原则如下。

（1）风险管理的有效性标准要针对企业的重大风险，能够反映企业重大风险管理的现状。

（2）风险管理有效性标准应当对照全面风险管理的总体目标，在所有 5 个方面保证企业的运营效果。

（3）风险管理有效性标准应当在企业的风险评估中应用，并根据风险的变化随时调整。

（4）风险管理有效性标准应当用于衡量全面风险管理体系的运行效果。

（六）风险管理的资源配置

全面风险管理覆盖面广，资源的使用一般是多方面的、综合性的。企业应当统筹兼顾，将资源用于需要优先管理的重大风险。

（七）确定风险管理的优先顺序

1. 风险管理的优先顺序

风险管理的优先顺序体现了企业的风险偏好。一个很重要的原则是，风险与收益相平衡的原则，在风险评估结果的基础上，全面考虑风险与收益。

要特别重视对企业有影响的重大风险，要首先解决"颠覆性"风险问题，保证企业持续发展。

2. 确定风险管理的优先顺序的影响因素

根据风险与收益平衡原则，确定风险管理的优先顺序可以考虑以下几个因素。

（1）风险事件发生的可能性和影响。

（2）风险管理的难度。

（3）风险的价值或管理可能带来的收益。

（4）合规的需要。

（5）对企业技术准备、人力、资金的需求。

（6）利益相关者的要求。

（八）风险管理策略检查

《中央企业全面风险管理指引》指出，企业应定期总结和分析已制定的风险管理策略的有效性和合理性，结合实际不断修订和完善。其中，应重点检查依据风险偏好、风险承受度和风险控制预警线实施的结果是否有效，并提出定性或定量的有效性标准。

二、风险管理组织体系

企业风险管理组织体系,主要包括规范的公司法人治理结构,风险管理职能部门、内部审计部门和法律事务部门以及其他有关职能部门、业务单位的组织领导机构及其职责。

(一)规范的公司法人治理结构

企业应建立健全规范的公司法人治理结构,形成高效运转、有效制衡的监督约束机制。同时,还应建立外部董事、独立董事制度,外部董事、独立董事人数应超过董事会全部成员的半数,以保证董事会能够在重大决策、重大风险管理等方面做出独立于经理层的判断和选择。

董事会就全面风险管理工作的有效性对股东(大)会负责。董事会在全面风险管理方面主要履行以下职责。

(1)审议并向股东(大)会提交企业全面风险管理年度工作报告。

(2)确定企业风险管理总体目标、风险偏好、风险承受度,批准风险管理策略和重大风险管理解决方案。

(3)了解和掌握企业面临的各项重大风险及其风险管理现状,做出有效控制风险的决策。

(4)批准重大决策、重大风险、重大事件和重要业务流程的判断标准或判断机制。

(5)批准重大决策的风险评估报告。

(6)批准内部审计部门提交的风险管理监督评价审计报告。

(7)批准风险管理组织机构设置及其职责方案。

(8)批准风险管理措施,纠正和处理任何组织或个人超越风险管理制度做出的风险性决定的行为。

(9)督导企业风险管理文化的培育。

(10)全面风险管理的其他重大事项。

(二)风险管理委员会

具备条件的企业,董事会可下设风险管理委员会。该委员会的召集人应由不兼任总经理的董事长担任;董事长兼任总经理的,召集人应由外部董事或独立董事担任。该委员会成员中需有熟悉企业重要管理及业务流程的董事,以及具备风险管理监管知识或经验、具有一定法律知识的董事。

风险管理委员会对董事会负责,履行以下职责。

(1)提交全面风险管理年度报告。

(2)审议风险管理策略和重大风险解决方案。

(3)审议重大决策、重大风险、重大事件和重要业务流程的判断标准或判断机制,以及重大决策的风险评估报告。

(4)审议内审部门提交的风险管理监督评价审计综合报告。

(5)审议风险管理组织机构设置及其职责方案。

（6）办理董事会授权的有关全面风险管理的其他事项。

（三）风险管理职能部门

企业应设立专职部门或确定相关职能部门履行全面风险管理的职责。该部门对总经理或其委托的高级管理人员负责，主要履行以下职责。

（1）研究提出全面风险管理工作报告。

（2）研究提出跨职能部门的重大决策、重大风险、重大事件和重要业务流程的判断标准或判断机制。

（3）研究提出跨职能部门的重大决策风险评估报告。

（4）研究提出风险管理策略和跨职能部门的重大风险管理解决方案，并负责该方案的组织实施和对该风险的日常监控。

（5）负责对全面风险管理有效性的评估，研究提出全面风险管理的改进方案。

（6）负责组织建立风险管理信息系统。

（7）负责组织协调全面风险管理日常工作。

（8）负责指导、监督有关职能部门、各业务单位以及全资、控股子企业开展全面风险管理工作。

（9）办理风险管理的其他有关工作。

（四）审计委员会

企业应在董事会下设立审计委员会，企业内部审计部门对审计委员会负责。内部审计部门在风险管理方面，主要负责研究提出全面风险管理监督评价体系，制定监督评价相关制度，开展监督与评价，出具监督评价审计报告。

（五）企业其他职能部门及各业务单位

企业其他职能部门及各业务单位在全面风险管理工作中，应接受风险管理职能部门和内部审计部门的组织、协调、指导和监督，主要履行以下职责。

（1）执行风险管理基本流程。

（2）研究提出本职能部门或业务单位重大决策、重大风险、重大事件和重要业务流程的判断标准或判断机制。

（3）研究提出本职能部门或业务单位的重大决策风险评估报告。

（4）做好本职能部门或业务单位建立风险管理信息系统的工作。

（5）做好培育风险管理文化的有关工作。

（6）建立健全本职能部门或业务单位的风险管理内部控制子系统。

（7）办理风险管理其他有关工作。

（六）下属公司

企业应通过法定程序，指导和监督其全资、控股子企业建立与企业相适应或符合全资、控股子企业自身特点、能有效发挥作用的风险管理组织体系。

三、风险管理信息系统

企业应将信息技术应用于风险管理的各项工作，建立涵盖风险管理基本流程和内部控制系统各环节的风险管理信息系统。

企业应采取措施确保向风险管理信息系统输入的业务数据和风险量化值的一致性、准确性、及时性、可用性和完整性。对输入信息系统的数据，未经批准，不得更改。

风险管理信息系统应能够进行对各种风险的计量和定量分析、定量测试；能够实时反映风险矩阵和排序频谱、重大风险和重要业务流程的监控状态；能够对超过风险预警上限的重大风险实施信息报警；能够满足风险管理内部信息报告制度和企业对外信息披露管理制度的要求。

风险管理信息系统应实现信息在各职能部门、业务单位之间的集成与共享，既能满足单项业务风险管理的要求，也能满足企业整体和跨职能部门、业务单位的风险管理综合要求。

企业应确保风险管理信息系统的稳定运行和安全，并根据实际需要不断进行改进、完善或更新。

已建立或基本建立企业管理信息系统的企业，应补充、调整、更新已有的管理流程和管理程序，建立完善的风险管理信息系统；尚未建立企业管理信息系统的，应将风险管理与企业各项管理业务流程、管理软件统一规划、统一设计、统一实施、同步运行。

第五节 风险理财措施

一、风险理财概述

风险理财是用金融手段管理风险，是全面风险管理的重要组成部分。金融衍生工具不仅丰富了定价机制和风险管理机制，也为企业的风险规避和资源配置提供了有效的方法与途径。企业通过参与金融衍生产品市场进行风险管理，预先锁定未来的销售、采购价格或者汇率、利率成本，从而确保经营目标的实现。

二、金融衍生工具

（一）金融衍生工具的产生与发展的动因

1. 金融衍生工具产生的最基本原因是避险

20 世纪 70 年代以来，随着美元的不断贬值，布雷顿森林体系崩溃，固定汇率走向浮动汇率制。1973 年和 1978 年两次石油危机使西方国家经济陷于滞胀，为对付通货膨胀，美国不得不运用利率工具。这又使金融市场的利率剧烈波动。利率的升降会引起证券价格的反方向变化，并直接影响投资者的收益。面对利率、汇率、债券、股票市场发生的前所未有的波动，市场风险急剧放大，迫使商业银行、投资机构、企业寻找可以规避市场风险，进行套利保值的金融工具，期货、期权等金融衍生工具便应运而生了。

期货与期权交易大大节约了每个风险转移者寻找具有相反风险敞口的交易对手的时间和费用。期货与期权合约及其交易市场，组成一个系统，恰好类似于一个巨大的保险公司。有效的风险分担正是多数期货与期权交易诞生的意义所在。

2. 20世纪80年代以来的金融自由化推动了金融衍生工具的发展

进入20世纪80年代后，美、英、日等西方发达国家不断放松金融管制，实行金融自由化。这一方面使得利率、汇率等市场行情更加频繁地波动，规避风险的要求进一步扩大；另一方面，金融自由化促进了金融竞争。多元化的金融机构纷纷出现，直接或迂回地夺走了银行业很大一块阵地；再加上银行业本身业务向多功能、综合化方向发展，同业竞争激烈，存贷利差缩小，使银行业不得不寻找新的收益来源，改变以存贷款业务为主的传统经营方式，把金融衍生工具视作未来的新增长点。

3. 金融机构的利润驱动是金融衍生工具生产和迅速发展的又一重要原因

金融中介机构积极参与衍生工具的发展有两方面的原因：一是在金融机构进行资产负债管理的背景下，金融衍生工具属于表外业务，既不影响资产负债表状况，又能带来手续费等收入；二是金融机构可以利用自身在衍生工具方面的优势，直接进行自营交易。

4. 新技术革命为金融衍生工具的产生与发展提供了手段

通信技术和电子计算机信息处理技术的飞速发展及其在金融业的运用大大降低了金融交易的成本，与此同时，新兴的金融分析理论和信息处理与技术设备的结合，为开发和推广金融衍生工具奠定了坚实的技术基础。

（二）金融衍生工具的特点

1. 杠杆性

金融衍生工具的参与者一般只需要支付少量的保证金就可签订合约或互换不同的金融工具。例如，若期货交易保证金为合约金额的5%，则期货交易者可以控制20倍于所投资金额的合约资产，实现以小博大的效果。金融衍生工具的杠杆效应在一定程度上决定了它的高投机性和高风险性。

2. 跨期性

金融衍生工具是交易双方通过对利率、汇率、股价等因素变动趋势的预测，约定在未来某一时间按照一定条件进行交易或选择是否交易的合约。无论是哪一种金融衍生工具，都会影响交易者在未来一段时间内或未来某时点上的现金流。这就要求交易双方对利率、汇率、股价等价格因素的未来变动趋势做出判断，而判断的准确与否直接决定了交易者的交易盈亏。

3. 虚拟性

虚拟性是指证券具有独立于现实资本运动之外却能给证券持有者带来一定收入的特性。买入和适时地卖出金融衍生工具即可获利，其价值增值过程脱离了实物运动。金融衍生工具导致相当一部分货币资本脱离了实物运动过程，形成虚拟资本。

4. 高风险

金融衍生工具的交易结果取决于交易者对基础工具（变量）未来价格（数值）的预测和判断的准确程度。由于影响基础金融工具价格的因素有很多，这些基础工具价格的变幻莫测决定了金融衍生工具交易盈亏的不确定性，这是金融衍生工具高风险性的重要诱因。

5. 复杂性

金融衍生工具可以根据客户要求的时间、金额、杠杆比率、价格、风险级别等参数进行设计，因此金融衍生工具种类繁多，不断创新。只有富有专业知识和经验并拥有先进交易技术的机构才能顺利开展这项业务。

（三）运用金融衍生工具进行风险管理

1. 管理系统性风险

在国际商品市场和金融市场上，商品和金融产品交易都是由金融衍生工具来发现价格、对冲风险。谁对衍生工具运用得最好，谁就可以拥有定价权，并获得由此带来的收益。

2. 管理商品价格风险

我国经济在走向国际化的进程中，将更多地与世界经济相融合，商品价格受国际市场价格的影响越来越大。对于与基础原料密切相关的企业来说，为了防止原材料价格和最终产品价格的暴涨暴跌，客观上需要利用商品期货等衍生工具锁定原料成本或销售收入，防范经营风险。

3. 管理汇率风险

我国的外汇资产规模和进出口贸易规模巨大，并呈现逐年增长趋势，而目前我国实行有管理的浮动汇率制。这样，持有外汇的企业，均面临一定的汇率风险，需要通过外汇衍生产品交易，规避汇率波动风险。

4. 管理利率风险

我国利率市场化正在逐步推进，利率波动幅度加大，波动更加频繁，资金市场的参与者面临的利率风险不断加大，迫切需要通过利率衍生产品交易锁定资金成本。

5. 管理股票价格风险

股票市场价格的波动使投资者面临着较大的风险，因此，投资者需要运用股指期货等衍生工具规避股价波动带来的风险。

（四）金融衍生工具的选择

衍生产品是其价值决定于一种或多种基础资产或指数的金融合约。包括：远期合约、互换交易、期货、期权。

1. 远期合约

金融远期合约是衍生产品中最简单的一种，因其在套期保值中的广泛应用而存在了几个世纪。

在商业活动中，购买者和出售者所面对的风险往往正好相反。糖果制造商担心下一年糖价上涨，而甘蔗生产商则担心糖价下跌。在难以对商品价格变动趋势进行预测的情况下，糖果制造商和甘蔗生产商可能希望提前将下一年的价格固定下来。通过确定下一年的糖价，糖果制造商规避了价格上升的风险，甘蔗生产商规避了价格下跌的风险，远期合约就是他们进行这种风险规避可以求助的工具之一。通过签订远期合约，他们在今天就可以将未来的交割价格确定下来，但是直到未来实际交割货物时才进行货款清付。

远期合约是合约双方约定在将来某个确定的时刻以某个确定的价格购买或出售一定数量的某项资产的协议。也就是说，在合约签订之时，双方就将未来交易的时间、资产、价格和数量都确定下来，这种确定性使得合约双方规避了未来资产现货价格波动的风险。

与期货不同，远期合约是量身定制的，通过场外交易达成，由于它的非标准化，所以灵活但流动性差。远期合约支付在未来，没有履约保证，存在违约风险。

大多数主要商品均有远期市场（如可可、钢铁、糖），主要有远期利率协议、远期外汇合约、远期股票合约。

2. 互换交易

（1）概念

互换交易主要是指对相同货币的债务和不同货币的债务通过金融中介进行互换的一种行为，是20世纪80年代以来最重要的金融创新。最大的互换交易市场是伦敦和纽约的国际金融市场。

（2）互换的种类

①利率互换

利率互换是指两笔货币相同、债务本金相同、期限相同的资金，作固定与浮动利率的调换。如甲方以固定利率换取乙方的浮动利率，乙方则以浮动利率换取甲方的固定利率，故称互换。互换的目的在于降低资金成本和利率风险。

②货币互换

货币互换是指两笔金额相同、期限相同、但货币不同的债务资金之间的调换，同时也进行不同利息额的货币调换。货币互换双方互换的是货币，它们之间各自的债权债务关系并没有改变。货币互换的目的在于降低筹资成本及防止汇率变动风险造成的损失。

③商品互换

商品互换是一种特殊类型的金融交易，交易双方为了管理商品价格风险，同意交换与商品价格有关的现金流。它包括固定价格及浮动价格的商品价格互换和商品价格与利率的互换。

④其他互换

股权互换、信用互换、期货互换和期权互换等。

（3）举例

假设A有较高评级，它在市场上能够得到的利率分别是固定利率11%，浮动利率Libor。假设B评级较低，它在市场上能够得到的利率分别是固定利率12.5%，浮动利率Libor+0.5%。

可以看到，在两个市场中，A都比B要有优势，但是A在固定利率市场的优势（12.5%−11%=1.5%）要比浮动利率市场的优势（0.5%）大。这便成为A在固定利率市场上的比较优势。如果这时 A 想要付浮动利率（原因可能是 A 对未来利率的预测或本身经营情况的需要）则 A 便产生了利率互换的意愿；B 反之亦然。

假设 A 借浮动利率 B 借固定利率贷款，没有互换发生，则两家公司总利率为 Libor+12.5%；假设 A 借固定利率 B 借浮动利率贷款，两家公司总利率为 Libor+11.5%。这少了的 1% 就是利用 A 和 B 各自的比较优势获得的，这 1% 可以按照双方协定分配。

3. 期货

（1）期货的概念

期货是指在约定的将来某个日期按约定的条件买入或卖出一定标准数量的某种资产。期货合约是由期货交易所统一制定的，规定了在某一特定的时间和地点交割一定数量和质量商品的标准化合约。期货价格通过公开竞价而达成。通常期货集中在交易所进行买卖，但也有部分可通过柜台交易进行买卖。

期货合约建立时，合约的任何一方都要缴纳初始保证金，在期货合约的期限内，每天都要对损益进行结算，结算影响保证金账户的余额，这被称为盯市。

（2）期货的种类

期货一般可以分为两大类：商品期货和金融期货。

目前，世界上的商品期货品种非常多，大体可分为农产品期货、黄金期货和金属与能源期货 3 个层次。

根据标的物的性质不同，金融期货也可分为三大类：外汇期货、利率期货和股票指数期货。

外汇期货是指交易双方约定在未来特定的时间进行外汇交割，并限定了标准币种、数量、交割月份及交割地点的标准化合约。外汇期货也被称为外币期货或货币期货。外汇期货产生于 1972 年，由芝加哥商业交易所的国际货币市场（IMM）首创。目前，世界上主要的期货市场大多都进行外汇期货交易。

利率期货是继外汇期货之后产生的又一个金融期货类别，它是指标的资产价格依赖于利率水平的期货合约，如长期国债期货、短期国债期货和欧洲美元期货。进行利率期货交易主要是为了固定资金的价格，即得到预先确定的利率或收益。1975 年 10 月，芝加哥期货交易所推出了第一张利率期货合约——政府国民抵押协会抵押凭证期货合约。利率期货的品种繁多，交易十分活跃（见表 6-2）。

表 6-2　世界主要利率期货合约及交易所

	交易所	利率合约名称
美国	芝加哥商业交易所国际货币市场（IMM）	3 月期欧洲美元利率
		3 月期政府债券
	芝加哥期货交易所	市政债券指数 / 美国中期国库券 / 美国长期国库券
英国	伦敦国际金融期货交易所	政府公债 /3 月期欧洲美元利率
日本	东京证券交易所	10 年政府债券
新加坡	新加坡国际商品交易所	欧洲美元利率
澳大利亚	悉尼期货交易中心	3 月期银行债券 /10 年政府公债

资料来源：张元萍. 金融衍生工具 [M]. 北京：首都经济贸易大学出版社，2015.

股票价格指数期货,是指期货交易所同期货买卖者签订的、约定在将来某个特定的时期,买卖者向交易所结算公司收付等于股价指数若干倍金额的合约。股票价格指数期货是所有期货交易中最复杂和技巧性最强的一种交易形式,其交易标的物不是商品,而是一种数字,可谓买空卖空之最高表现形式。股票价格指数期货交易 1982 年 2 月由美国堪萨斯期货交易所首创,堪萨斯期货交易所当时推出的合约是价值线综合平均指数期货。

通过买卖股票价格指数期货,可以对下述风险进行套期保值:①已持有股票价格下跌;②大量现货股票上市引起的股价下跌;③拟购股票价格上涨。

另外,股票价格指数期货(见表 6-3)还可用来进行投机交易,利用不同时期、不同品种或期货与现货间的差异进行套利。

表 6-3　世界各国和地区股票价格指数情况

国家和地区	股票指数	国家和地区	股票指数
美国	S&P500	日本	日经指数
英国	FT-SE100	中国香港	恒生指数
瑞士	SMI	中国台湾	台湾加权指数
德国	DAX	巴西	Bovespa
法国	CAV40	俄罗斯	ROS

资料来源:张元萍.金融衍生工具[M].北京:首都经济贸易大学出版社,2015.

(3)期货套期保值

期货的套期保值亦称为期货对冲,是指为配合现货市场上的交易,而在期货市场上做与现货市场商品相同或相近但交易部位相反的买卖行为,以便将现货市场的价格波动的风险在期货市场上抵销。套期保值的基本原理就在于某一特定商品的期货价格和现货价格受相同的经济因素影响和制约。

一般来说,不能从衍生产品的交易本身判断该交易是否套期保值或投机,要考虑它的头寸。

绝大多数期货合约不会在到期日用标的物兑现。期货价格表现的是市场对标的物的远期预期价格。

"基差"(见图 6-2)用来表示标的物的现货价格与所用合约的期货价格之差。基差在期货合约到期日为零,在此之前可正可负。一般而言,离到期日越近,基差就越小。

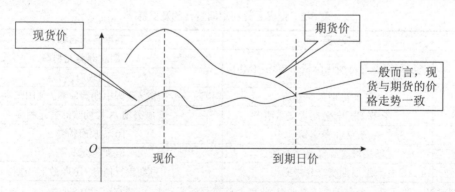

图 6-2　基差

① 利用期货套期保值有以下两种方式。

空头期货套期保值（见表 6-4）是指现货市场处于多头情况下在期货市场做一笔相应的空头交易以避免现货价格变动的风险。空头套期保值一般适用于持有商品的交易商担心未来商品价格下跌，以及适用于预测未来销售商品的价格下降的情况。

表 6-4 空头期货套期保值原理

	现货市场	期货市场
目前时点		卖出期货
未来时点	出售资产	买入期货

多头套期保值（见表 6-5）是指在现货市场处于空头的情况下，在期货市场做一笔相应的多头交易，以避免现货价格变动的风险。多头套期保值通常适用于类似这样的场合：投资者准备在将来某一时刻购买商品却担心商品涨价，或者某投资者在资产上做空头时，可用多头套期保值策略进行风险管理。

表 6-5 多头套期保值原理

	现货市场	期货市场
目前时点		买入期货
未来时点	买入资产	卖出期货

② 期货套期保值实例（见表 6-6～表 6-11）。

表 6-6 商品期货空头套期保值实例

日 期	现货市场	期货市场
7月	签订合同在 12 月提供 200 吨铜给客户，现货铜每吨价格 7 000 美元	在期货交易所卖出 12 月到期的期铜 200 吨，每吨期铜价格 7 150 美元
12月	现货市场每吨铜的价格是 6 800 美元；按现货价格提交客户 200 吨铜	当月期铜价格接近现货价格，每吨 6 800 美元；按此价格买进期铜 200 吨
结果	每吨亏 200 美元	每吨盈利 350 美元

表 6-7 商品期货多头套期保值实例

日 期	现货市场	期货市场
7月	签订合同在 12 月购买 1 000 吨原油，此时现货每吨 380 美元	在期货交易所买进 12 月到期的原油期货 1 000 吨；每吨价格 393 美元
12月	现货市场每吨价格是 400 美元；按现货价格购买 1 000 吨原油	当月原油期货价格接近现货价格；为每吨 399 美元；按此价格卖出原油期货 1 000 吨
结果	每吨亏损 20 美元	每吨盈利 6 美元

表 6-8 外汇期货空头套期保值实例

日 期	现货市场	期货市场
6月1日	将于 6 个月后收到 300 000 瑞士法郎，汇率：4 015 美元/10 000 瑞士法郎	卖出：2 份 12 月瑞士法郎期货，每份合同 125 000 瑞士法郎共 250 000 瑞士法郎期汇率：4 055 美元/10 000 瑞士法郎

续表

日期	现货市场	期货市场
12月1日	卖出：300 000 瑞士法郎 汇率：4 060 美元/10 000 瑞士法郎	买入：2份12月瑞士法郎期货，每份合同125 000 瑞士法郎 汇率：4 060 美元/10 000 瑞士法郎
结果	获利：1350 美元	损失：125 美元

表 6-9 外汇期货多头套期保值实例

日期	现货市场	期货市场
3月1日	公司将于6个月后还款500 000 瑞士法郎 汇率：6 460 美元/10 000 瑞士法郎	买入：4份9月期瑞士法郎期货，每份合同125 000 瑞士法郎 汇率：6 450 美元/10 000 瑞士法郎
9月1日	买入：500 000 瑞士法郎 汇率：6 490 美元/10 000 瑞士法郎	卖出：4份9月期瑞士法郎期货，每份合同125 000 瑞士法郎 汇率：6 489 美元/10 000 瑞士法郎
结果	损失：1 500 美元	获利：1 950 美元

表 6-10 利率期货空头套期保值实例

日期	现货市场	期货市场
6月10日	计划9月借入3个月期1 000 000 美元贷款；6月10日利率为9.75%	卖出1张9月期的3个月国库券期货；价格为90.25 美元
9月10日	借入3个月期1 000 000 美元贷款；利率为12%	买入1张9月期的3个月国库券期货；价格为88.00 美元
结果	损失1 000 000×（9.75%–12%）×90/360=–5 625（美元）	获利（90.25–88）×100×25×1=5 625（美元）

表 6-11 利率期货多头套期保值实例

日期	现货市场	期货市场
1月15日	贴现率为10%（国库券价格为90 美元）；准备把30 000 000 美元投资于3个月期美国国库券	以89.5 美元的价格买进30张3月份到期的国库券期货合约
2月15日	收到30 000 000 美元，以92.5 美元的价格买进3个月期的美国国库券	以91.8 美元的价格卖出30张3月份到期的国库券期货合约
结果	损失 30 000 000×（7.5%–10%）×90/360=–187 500（美元）	获利（91.8–89.5）×100×25×30=172 500（美元）

注：欧洲美元期货面值100万美元，报价=100–R，R为当天的3个月欧洲美元利率；100×25 为乘数，一个基点（=0.01）对应期货合约价格25美元的盈亏。

股指期货套期保值

卖出股指期货套期保值。已经拥有股票的投资者或预期将要持有股票的投资者，如证券投资基金或股票仓位较重的机构等，在对未来的股市走势没有把握或预测股价将会下跌的时候，为避免股价下跌带来的损失，卖出股指期货合约进行保值。一旦股票市场真的下跌，投资者可以从期货市场上卖出股指期货合约的交易中获利，以弥补股票现货市场上的损失。

买入股指期货套期保值。当投资者将要收到一笔资金,但在资金未到之前,该投资者预期股市短期内会上涨,为了便于控制购入股票的时间,可以先在股指期货市场买入股指合约,资金到后便可运用这笔资金进行股票投资。通过股指期货市场上赚取的利润补偿股票价格上涨带来的损失。沪深300股指期货是以沪深300指数作为标的物的期货品种,如表6-12所示。

表6-12 沪深300指数期货合约

合约标的	沪深300指数
合约乘数	每点300元
报价单位	指数点
最小变动价位	0.2点
合约月份	当月、下月及随后两个季月
交易时间	上午:9:15-11:30,下午:13:00-15:15
最后交易日交易时间	上午:9:15-11:30,下午:13:00-15:00
每日价格最大波动限制	上一个交易日结算价的10%
最低交易保证金	合约价值的12%
最后交易日	合约到期月份的第三个周五,遇国家法定假日顺延
交割日期	同最后交易日
交割方式	现金交割

资料来源:张元萍.金融衍生工具[M].北京:首都经济贸易大学出版社,2015.

沪深300指数是沪深证券交易所于2005年4月8日联合发布的反映A股市场整体走势的指数。

沪深300指数期货同时挂牌4个月份合约。分别是当月、下月及随后的两个季月月份合约。如当月月份为7月,则下月合约为8月,季月合约为9月与12月。表示方式为IF0607、IF0608、IF0609、IF0612。其中"IF"为合约代码,"06"表示2006年,"07"表示7月份合约。

股指期货套期保值实例见表6-13、表6-14。

表6-13 股指期货空头套期保值实例

4/16 沪深300指数 3 356.33点	股票现货投资组合假设市值 1 000 000 000元	股指期货IF1005于3 415.6卖出975手作为套保,合约市值999 063 000元
5/12 沪深300指数 2 818.16点	投资组合市值跌至839 655 218元假设跌幅与沪深300指数相同,跌幅(3356.33−2818.16)/3356.33=0.160344782	于2 836.2元买进IF1005 975手解除套保,合约市值829 588 500元
损益	−160 344 782元	169 474 500元
现货加股指期货损益	股票现货投资组合加股指期货套保后转为获利9 129 718元	

资料来源:林春发.企业风险管理——基于金融衍生工具应用案例研究[M].北京:中国金融出版社,2014.

表 6-14　股指期货多头套期保值实例

3月 CME6 报价 1450 点	美国某基金经理计划于 5 月底将一笔总金额为 1 亿美元的资金投资于某组合。为防止到时股市上扬而使投资受挫，该基金经理决定利用 CME6 月份的标准普尔 500 指数期货来进行套期保值	购买 276 份 CME6 合约，1 个指数点代表的价值为 250 美元，每份合约价值 1450×250=362 500（美元），100 000 000÷362500=275.86≈276
5月 CME6 报价 1550 点	资金到位，投资组合价格上扬	对冲平仓
结果	损失	盈利 100 点 ×250×276=6 900 000（美元）

4. 期权

期权合约允许期权的买方向卖方支付一笔费用，以获得在未来某个时间以约定的价格购买（或出售）一项资产的权利。和其他衍生产品不同，对于期权的买方，期权是一项权利而非义务，在到期日之前，他可以选择不执行这份期权；而对于期权的卖方，期权是一项义务而非权利，如果期权的买方选择执行，卖方就必须执行；如果买方选择不执行，卖方也不必执行。

期权的买方也被称为期权多头或期权持有者，卖方被称为期权空头。期权买方为了获得这种权利而向期权卖方支付的费用称为期权费，无论到期时买方有没有选择执行，他都要向卖方支付这笔费用。

按交易主体划分，期权可分为买方期权和卖方期权。

买方期权，也称看涨期权，赋予期权持有人在期权有效期内按履约价格买进（但不负有必须买进的义务）规定的资产的权利。

卖方期权，也称看跌期权，赋予期权持有人在期权有效期内按履约价格卖出（但不负有必须卖出的义务）规定的资产的权利。

期权合约一般包括以下内容。

标的资产：期权买入或卖出的规定资产。

股票看涨、看跌期权报偿如图 6-3、图 6-4 所示。

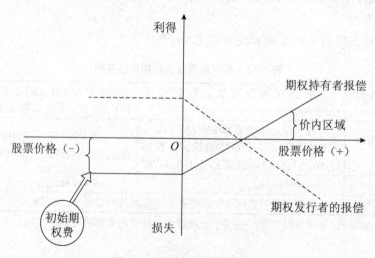

图 6-3　某股票看涨期权报偿

执行价格：行权时，可以以此价格买入或卖出规定资产的价格。

到期日：期权有效截止的时间。

行权方式：如果在到期日之前的任何时间及到期日都能执行，则称这种期权为美式期权，如果只能在到期日执行，则称为欧式期权。

期权价格：为获得该期权，期权的持有人付出的代价。

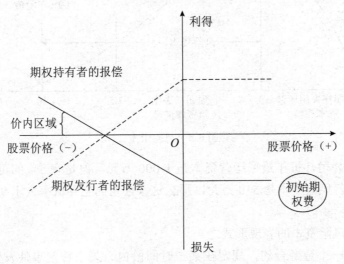

图 6-4　某股票看跌期权的报偿

三、损失事件管理

1. 损失融资

损失融资是为风险事件造成的财物损失融资，是从风险理财的角度进行损失事件的事前、事后管理，是损失事件管理中最有共性，也是最重要的部分。

企业损失分为预期损失和非预期损失，损失事件融资分为预期损失融资和非预期损失融资。预期损失融资一般作为运营资本的一部分，而非预期损失融资则属于风险资本的范畴。

2. 风险资本

风险资本即除经营所需的资本之外，公司还需要额外的资本用于补偿风险造成的财务损失。

风险资本是使一家公司破产的概率低于某一给定水平所需的资金，因此取决于公司的风险偏好。

例如，一家公司每年最低运营资本是 5 亿元，但是有 5% 的可能性需要 7.5 亿元维持运营，有 1% 的可能性需要 10 亿元才能维持运营。换句话说，如果风险资本为 2.5 亿元，那么这家公司生存的概率是 95%，而 5 亿元的风险资本对应的则是 99% 的生存概率。如图 6-5 所示。

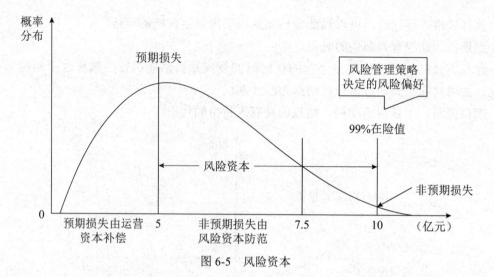

图 6-5 风险资本

再如，一家公司，每年最低运营资本是 1 000 万元，但是有 5% 的可能性需要 1 500 万元维持运营，若风险资本是 510 万元，那么这家公司的生存概率大于 95%。

3. 应急资本

应急资本是风险资本的表现形式之一。

应急资本是一个金融合约，规定在某一时间段内、某个特定事件发生的情况下公司有权从应急资本提供方处募集股本或贷款（或资产负债表上的其他实收资本项目），并为此按时间向资本提供方缴纳权力费，这里特定事件称为触发事件。

应急资本最简单的形式是公司为满足特定条件下的经营需要而从银行获得的信贷额度，一般通过与银行签订协议加以明确，比如信用证、循环信用工具等。

图 6-6 显示了某公司应急资本的结构。

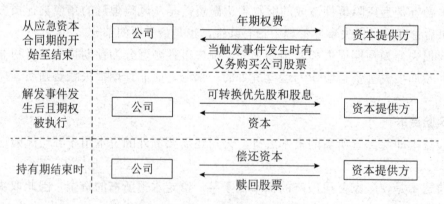

图 6-6 某公司应急资本的结构

应急资本具有如下特点。

（1）应急资本的提供方并不承担特定事件发生的风险，而只是在事件发生并造成损失后提供用于弥补损失、持续经营的资金。事后公司要向资本提供者归还这部分资金，并支付相应的利息。

（2）应急资本是一个综合运用保险和资本市场技术设计和定价的产品。与保险不同，应急资本不涉及风险的转移，是企业风险补偿策略的一种方式。

（3）应急资本是一个在一定条件下的融资选择权，公司可以不使用这个权利。

（4）应急资本可以提供经营持续性的保证。

4. 保险

保险是风险转移的传统手段。保险合同降低了购买保险一方的风险，因为他把损失的风险转移给了保险公司。而保险公司则是通过损失的分散化来降低自己的风险。

可保风险是纯粹风险，机会风险不可保。

5. 专业自保

专业自保公司又称专属保险公司，是非保险公司的附属机构，为母公司提供保险，并由其母公司筹集保险费，建立损失储备金。几乎所有的大型跨国公司都有专业自保公司。

专业自保的特点是：由被保险人所有和控制，要承保其母公司的风险，但可以通过租借的方式承保其他公司的保险，不在保险市场上开展业务。

专业自保公司的优点是：降低运营成本；改善公司现金流；保障项目更多；公平的费率等级；保障的稳定性；直接进行再保险；提高服务水平；减少规章的限制；国外课税扣除和流通转移。

专业自保公司的缺点是：提高内部管理成本；增加资本投入；损失储备金不足；减少其他保险的可得性。

第六节 风险管理的技术与方法

风险管理技术与方法很多，既有定性分析，也有定量分析。

风险定性分析，往往带有较强的主观性，需要凭借分析者的经验和直觉，或者是以行业标准和惯例为风险各要素的大小或高低程度定性分级，虽然看起来比较容易，但实际上要求分析者具备较高的经验和能力，否则会因操作者经验和直觉的偏差而使分析结果失准。

定量分析是对构成风险的各个要素和潜在损失的水平赋予数值或货币金额，当度量风险的所有要素都被赋值，风险分析和评估过程和结果得以量化。定量分析比较客观，但对数据的要求较高，同时还需借助数学工具和计算机程序，其操作难度较大。

一、头脑风暴法

又称智力激励法、BS法、自由思考法，是指刺激并鼓励一群知识渊博、知悉风险情况的人员畅所欲言，开展集体讨论的方法。

头脑风暴法最早由奥斯本（Alex F. Osborn）提出，是一种刺激创造性、产生新思想的方法。应用头脑风暴法的一般步骤是先召集有关人员构成一个小组，然后以会议的方式展开讨论。该方法的理论依据是群体智慧多于个体智慧，最主要的特点是尽量避免成员间的批评，最大限度地展现智慧以及相互启发，以提出创造性的想法、主意和方案。

1. 适用范围

适用于充分发挥专家意见，在风险识别阶段进行定性分析。

2. 优点

（1）激发了想象力，有助于发现新的风险和全新的解决方案。

（2）让主要的利益相关者参与其中，有助于进行全面沟通。

（3）速度较快并易于开展。

3. 局限性

（1）参与者可能缺乏必要的技术及知识，无法提出有效的建议。

（2）由于头脑风暴法相对松散，因此较难保证过程的全面性。

（3）可能会出现特殊的小组状况，导致某些有重要观点的人保持沉默而其他人成为讨论的主角。

（4）实施成本较高，要求参与者有较好的素质，这些因素是否满足会影响头脑风暴法实施的效果。

二、德尔菲法

德尔菲法由美国著名咨询机构兰德公司发明并最早用于军事领域的预测方法。当时美国空军委托该公司研究一个典型的风险识别课题：若苏联对美国发动核袭击，其袭击的目标会选择在什么地方？后果会怎样？由于这种问题很难用数学模型进行精确计算，于是兰德公司提出了一种规定程序的专家调查法，当时为了保密而以古希腊阿波罗所在地德尔菲命名。

德尔菲法又名专家意见法，是在一组专家中取得可靠共识的程序，其基本特征是专家单独、匿名表达各自的观点，随着过程的进展，他们有机会了解其他专家的观点。德尔菲法采用背对背的通信方式征询专家小组成员的意见，专家之间不得互相讨论，不发生横向联系，只能与调查人员发生关系。通过反复填写问卷，搜集各方意见，以形成专家之间的共识。

1. 适用范围

适用于在专家一致性意见基础上，在风险识别阶段进行定性分析。逐轮收集意见并为专家反馈信息是德尔菲法的主要环节。

2. 优点

（1）由于观点是匿名的，因此更有可能表达出那些不受欢迎的看法。

（2）所有观点有相同的权重，避免重要人物占主导地位。

（3）专家不必一次聚集在某个地方，比较方便。

（4）这种方法具有广泛的代表性。

3. 局限性

（1）权威人士的意见影响他人的意见。

（2）有些专家碍于情面，不愿意发表与其他人不同的意见。

（3）出于自尊心而不愿意修改自己原来不全面的意见。

德尔菲法的主要缺点是过程比较复杂，花费时间较长。

三、失效模式、影响及危害度分析法（FMECA）

失效模式影响和危害度分析法是一种自下而上的分析方法，可用来分析、审查系统的潜在故障模式。FMECA 按规则记录系统中所有可能存在的影响因素，分析每种因素对系统的工作及状态的影响，将每种影响因素按其影响的严重度及发生概率排序，从而发现系统中潜在的薄弱环节，提出可能采取的预防措施，以消除或减少风险发生的可能性，保证系统的可靠性。

1. 适用范围

适用于对失效模式、影响及危害进行定性或定量分析，还可以对其他风险识别方法提供数据支持。

2. 优点

（1）广泛适用于人力，设备和系统失效模式以及硬件、软件和程序。

（2）识别组件失效模式及其原因和对系统的影响，同时用可读性较强的形式表现出来。

（3）通过在设计初期发现问题，从而避免了开支较大的设备改造。

（4）识别单点失效模式以及对冗余或安全系统的需要。

3. 局限性

（1）只能识别单个失效模式，无法同时识别多个失效模式。

（2）除非得到充分控制并集中充分精力，否则研究工作既耗时且开支较大。

以某计算机为例，进行 FMECA。首先收集某计算机全寿命周期内的缺陷、薄弱环节、故障等信息，其次，建立 FMECA 团队，确定产品组成、功能、FMECA 分析层次及 RPN（风险顺序数）阀值（定义 RPN 阀值为150）等信息进行硬件 FMECA，简化后的分析结果见表6-15。

表 6-15 计算机的 FMECA

故障件	故障模式	发生概率 P	严酷度 S	可探测度 D	RPN
CPU1	逻辑运算间歇故障	4	7	5	140
缓存1	信息无法获取	4	5	5	100
缓存1	信息无法正确传输/存储	3	5	6	90
CPU2	逻辑运算间歇故障	4	7	5	140
缓存2	信息无法获取	4	5	5	100
缓存2	信息无法正确传输/存储	3	5	6	90
内存	信息无法获取	4	5	5	100
内存	信息无法正确传输/存储	3	5	6	90
硬盘1	信息传输失败	3	5	6	90
硬盘2	信息无法正确传输/存储	5	7	6	210

注：RPN=$P\times S\times D$。

硬盘2的故障模式大于阀值，需要改进，可将概率降到3。

四、流程图分析法

对流程的每一阶段、每一环节逐一进行调查分析，从中发现潜在风险，找出导致风险发生的因素，分析风险产生后可能造成的损失以及对整个组织可能造成的不利影响。财务费用报销的流程图分析示意见表 6-16。

1. 适用范围

通过业务流程图方法，对企业生产或经营中的风险及其成因进行定性分析。

2. 主要优点

流程图分析是识别风险最常用的方法之一。其主要优点是清晰明了，易于操作，且组织规模越大，流程越复杂，流程图分析法就越能体现出优越性。通过业务流程分析，可以更好地发现风险点，从而为防范风险提供支持。

3. 局限性

使用效果依赖于专业人员的水平。

表 6-16　财务费用报销流程图风险分析示例

流程	风险审核点	权责部门
报销单据整理粘贴	报销人员根据公司费用报销制度要求，整理好需要报销的发票或单据，并进行整齐粘贴。根据报销内容填写《费用报销单》	报销人员
填写《费用报销单》	报销单填写要求不得涂改，不得用铅笔或红色的笔填写，并附上相关的报销发票或单据。若属于出差的费用报销，必须附上经过批准签字的《差旅费报销单》。采购物品报销需附上总经理签字确认的《采购申请表》	报销人员
部门领导审核	《费用报销单》及相关单据准备完成后，报销人员提交给主管审核签字，直接主管须对以下方面进行审核。 （1）费用产生开支的原因及真实性。 （2）费用的标准性及合理性。 （3）费用的控制等。若发现不符合要求，立即退还给相关报销人员重新整理。	相关部门领导

五、马尔科夫分析法（MARKOV ANALYSIS）

马尔科夫分析法又称马尔可夫转移矩阵法，是通过分析随机变量的现时变化情况来预测这些变量未来变化情况的一种预测方法。如果系统未来的状况仅取决于其现在的状况，那么就可以使用马尔科夫分析法。

1. 适用范围

适用于对复杂系统中不确定性事件及其状态改变的定量分析。

2. 主要优点

能够计算出具有维修能力和多重降级状态的系统概率。

3. 局限性

（1）无论是故障还是维修，都假设状态变化的概率是固定的。

（2）所有事项在统计上具有独立性，因此未来的状态独立于一切过去的状态，除非两个状态紧密相接。

（3）需要了解状态变化的各种概率。

（4）有关矩阵运算的知识比较复杂，非专业人士很难看懂。

例如，一种系统存在三种状态。功能、降级和故障分别界定为状态 $S1$、状态 $S2$ 和状态 $S3$。系统每天都存在这三种状态中的某一种状态。表 6-17 的马尔科夫矩阵说明了系统处于状态 Si 的概率。这个系统也可以用图 6-7 所示的马尔科夫图来表示。

表 6-17　某系统的马尔科夫矩阵

		今天状态		
		S1	S2	S3
明天状态	S1	0.95	0.3	0.2
	S2	0.04	0.65	0.6
	S3	0.01	0.05	0.2

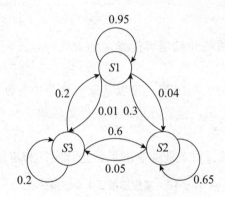

图 6-7　马尔科夫图

Pi 表示系统处于状态 i 的概率，那么需要解决的联立方程包括：

$P1=0.95P1+0.30P2+0.20P3$

$P2=0.04P1+0.65P2+0.60P3$

$P3=0.01P1+0.05P2+0.20P3$

$P1+P2+P3=1$

解联立方程组，得到状态 1、2 及 3 的概率分别是 0.85、0.13 和 0.02。

六、风险评估系图法

风险评估系图（见图 6-8）识别某一风险是否会对企业产生重大影响，并将此结论与风险发生的可能性联系起来，为确定企业风险的优先次序提供框架。

1. 适用范围

适用于对风险初步的定性分析。

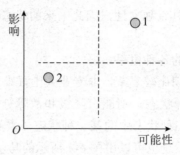

图 6-8　风险评估系图法

2. 主要优点

作为一种简单的定性方法，直观明了。

3. 局限性

如需要进一步探求风险原因，则显得过于简单，缺乏有效的经验证明和数据支持。

七、情景分析法

情景分析可用来预计威胁和机遇可能发生的方式，以及如何将威胁和机遇用于各类长期及短期风险。

在周期较短及数据充分的情况下，可以从现有情景中推断出可能出现的情景。对于周期较长或数据不充分的情况，情景分析的有效性更依赖于合乎情理的想象力。

1. 适用范围

通过模拟不确定性情景，对企业面临的风险进行定性和定量分析，如表 6-18 所示。

表 6-18　某投资项目未来情景分析

影响因素	因　素	最佳情景	一般情景	最差情景
影响因素	市场需求	不断提升	不变	下降
	经济增长	5%～10%	<5%	负增长
发生概率		20%	45%	35%
收支平衡时间		5年	10～15年	不确定

2. 主要优点

对于未来变化不大的情况能够给出比较精确的模拟结果。

3. 局限性

（1）在存在较大不确定性的情况下，有些情景可能不够现实。

（2）主要的难点涉及数据的有效性以及分析师和决策者开发现实情境的能力。

（3）如果将情景分析作为一种决策工具，其危险在于所用情景可能缺乏充分的基础，数据可能具有随机性，同时可能无法发现那些不切实际的结果。

八、敏感性分析法

敏感性分析是针对潜在的风险性,研究项目的各种不确定因素变化至一定幅度时,计算其主要经济指标变化率及敏感程度的一种方法。敏感性分析是在确定性分析的基础上,进一步分析不确定性因素对项目最终效果指标的影响及影响程度。

1. 适用范围
适用于对项目不确定性对结果产生的影响的定量分析。

2. 优点
(1) 为决策者提供有价值的参考信息。
(2) 可以清晰地为风险分析指明方向。
(3) 可以帮助企业制定紧急预案。

3. 局限性
(1) 分析需要的数据经常缺乏,无法提供可靠的参数变化。
(2) 分析时借助公式计算,没有考虑各种不确定因素在未来发生变动的概率,无法给出各参数的变化情况,因此其分析结果可能和实际相反。

4. 案例
某企业生产甲产品,年销售收入 1 200 万元,销售单价 600 元,销量为 2 万件,固定成本 200 万元,单件变动成本 400 元,企业经营利润 200 万元。当企业面临内外部经营环境的变化可能导致销量下滑,或者成本上升,甚至几种因素同时叠加出现,企业需要根据实际情况的变化提前采取应对措施。

各指标变化对利润的影响程度即敏感系数:敏感系数 = 利润的变动幅度 / 某一因素的变动幅度。甲产品的敏感性分析见表 6-19。

表 6-19 甲产品的敏感性分析　　　　　　　　　　单位:万元

因素变动	因素变动	收入	固定成本	变动成本	利润	利润变动	敏感系数
基数		1 200	200	800	200		
单价变动	20%	1 440	200	800	440	120%	6
销量变动	20%	1 440	200	960	280	40%	2
变动成本上升	20%	1 200	200	960	40	−80%	−4
固定成本增加	20%	1 200	240	800	160	−20%	−1

通过上述分析发现,销售单价和销量变动给利润带来正面影响,变动成本上升和固定成本增加给企业带来负面影响,对利润的敏感系数排序为销量单价、变动成本、销售数量、固定成本。

九、事件树分析法(ETA)

事件树分析法是一种表示初始事件发生之后互斥性后果的图解技术,其根据是为减轻其后果而设计的各种系统是否起作用,它可以进行定性和定量分析。

1. 适用范围

适用于具有多种环节的故障发生以后，对各种可能后果的定性和定量分析。

2. 优点

（1）以清晰的图形显示了经过分析的初始事项之后的潜在情景，以及缓解系统或功能成败产生的影响。

（2）它能说明时机、依赖性，以及故障树模型中很烦琐的多米诺效应。

（3）它生动地体现事件的顺序，而使用故障树是不可能表现的。

3. 局限性

（1）为了将 ETA 作为综合评估的组成部分，一切潜在的初始事项都要进行识别，这可能需要使用其他分析方法（如危害及可操作研究法），但总是有可能错过一些重要的初始事项。

（2）事件树只分析了某个系统的成功及故障状况，很难将延迟成功或恢复事项纳入其中。

（3）任何路径都取决于路径上以前分支点处发生的事项。因此，要分析各可能路径上众多从属因素。然而，人们可能会忽视某些从属因素，如常见组件、应用系统以及操作员等。如果不认真处理这些从属因素，就会导致风险评估过于乐观。

如图 6-9 所示，分析初始事件为爆炸之后，在发生火灾、洒水系统工作、火警激活等不确定性事件下产生的各种后果的频率。

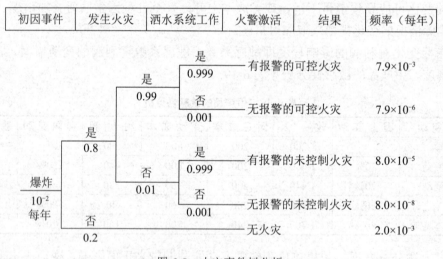

图 6-9　火灾事件树分析

十、决策树法

决策树法是指考虑不确定性情况下，以序列方式表示决策选择和结果。类似于事件树，决策树开始于初因事项或是最初决策，同时由于可能发生的事项及可能做出的决策，它需要对不同路径和结果进行建模。

1. 适用范围

适用于对不确定性投资方案期望收益的定量分析。

2. 优点

（1）对于决策问题的细节提供了一种清楚的图解说明。

（2）能够计算到达一种情形的最优路径。

3. 局限性

（1）大的决策树可能过于复杂，不容易与其他人交流。

（2）为了能够用树形图表示，可能有过于简化环境的倾向。

如图 6-10 所示，A1、A2 两方案投资分别为 450 万元和 240 万元，经营年限为 5 年，销路好的概率为 0.8，销路差的概率为 0.2。

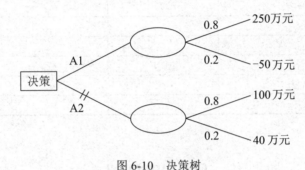

图 6-10　决策树

A1 的净收益 =[250×0.8+（–50）×0.2]×5–450=500（万元）。

A2 的净收益 =[100×0.8+40×0.2]×5–240=200（万元）。

因为 A1 净收益大于 A2，所以选择 A1 方案。

十一、统计推论法

统计推论是进行项目风险评估和分析的一种十分有效的方法，它可分为前推、后推和旁推 3 种类型。前推就是根据历史的经验和数据推断出未来事件发生的概率及其后果。后推是把未知想象的事件及后果与一已知事件与后果联系起来，把未来风险事件归结到有数据可查的造成这一风险事件的初始事件上，从而对风险做出评估和分析。旁推就是利用类似项目的数据进行外推，用某一项目的历史记录对新的类似建设项目可能遇到的风险进行评估和分析。

1. 适用范围

适合于各种风险分析预测。

2. 优点

（1）在数据充足可靠的情况下简单易行。

（2）结果准确率高。

3. 局限性

（1）由于历史事件的前提和环境已发生了变化，不一定适用于今天或未来。

（2）没有考虑事件的因果关系，使外推结果可能产生较大偏差。为了修正这些偏差，有时必须在历史数据的处理中加入专家或集体的经验修正。

综上所述，十一种风险管理的技术与方法比较如表 6-20 所示。

表 6-20　风险管理的技术与方法汇总

方　　法	定　　性	定　　量	定性和定量
头脑风暴法	√		
德尔菲法	√		
失效模式影响和危害度分析法			√
流程图分析法	√		
马尔科夫分析法		√	
风险评估系图法	√		
情景分析法			√
敏感性分析法		√	
事件树分析法			√
决策树分析法		√	
统计推论法			√

复习思考题

1. 你如何理解风险、风险管理的概念？
2. 简述企业面对的风险种类。
3. 为什么要进行风险管理？
4. 风险管理的目标有哪些？
5. 风险管理策略工具有哪些？
6. 风险管理的技术与方法有哪些？各自的优缺点和适用范围是什么？
7. 谈谈你对远期、互换、期货与期权的理解。

即 测 即 练

第七章 内部控制

学习目标

1. 了解内部控制的演进及主要思想;
2. 掌握我国内部控制规范体系,掌握我国内部控制的目标、要素、控制活动;
3. 掌握环境类内部控制应用指引;
4. 熟悉内部控制评价指引;
5. 了解内部控制审计指引和内部控制的局限性。

引导案例

硅谷银行倒闭风波"让位" 瑞信财务风险拉响全球金融市场"警报"

在硅谷银行倒闭风波尚未完全平息之际,全球大型银行瑞士信贷(下称"瑞信")的财务报告内控重大缺陷,再度引爆全球金融市场恐慌情绪。受此影响,周三瑞信股价一度大跌逾30%,创1995年以来的最低值。其他欧洲大型银行股也被拖累遭遇大跌,比如法国巴黎银行、法兴银行、德意志银行、巴克莱银行、荷兰国际集团的股价跌幅均一度超过9%。

当天瑞信表示,该行在2021年和2022年的财务报告内部控制方面发现了"重大缺陷"(material weakness),审计机构给予否定意见。具体而言,此前美国证券交易委员会(SEC)官员向瑞信询问其对2019年和2020财年相关现金流量表的修订,以及相关控制措施,但瑞信没有向SEC给出妥善的解决方案,反而表示它发现财务报告内部控制存在"重大缺陷"。

这项重大缺陷涉及未能设计和维持有效的风险评估以查明分析财务报表重大错报的风险,且瑞信管理层未能采取适当管理措施保持对现金流量表分类和分列报告的有效控制。瑞信承认,过去两年集团对财务报告的内部控制失去了作用,管理层因此认定财务报告披露控制和程序无效。

随着过去三天瑞信股价持续大幅下跌,市场开始意识到瑞信财务报告内控重大缺陷风波所带来的金融市场巨震,可能堪比2008年雷曼兄弟倒闭。数据显示,瑞信业务遍布全球,管理财产规模达到约1.3万亿瑞士法郎(约合1.4万亿美元),相当于欧元区GDP的约10%。

3月15日晚，时任沙特国家银行董事长阿马尔·阿尔·胡达里（Ammar Al Khudairy）接受媒体采访时表示，考虑到监管等原因，他们不会向瑞信提供更多援助，包括不会向瑞信提供进一步的资金流动性支持。这直接令金融市场担心——得不到大股东资金救助的瑞信将以更快速度陷入经营困境。"事实上，华尔街对冲基金对此的解读是，连大股东都不愿对瑞信施以援手，从另一个侧面显示瑞信财务报告内部控制重大缺陷的严重性，尤其是瑞信很可能还有超乎市场想象的未暴露财务风险。"华尔街对冲基金经理直言。

瑞信要重拾金融市场信心，需迅速公开财务报告内控重大缺陷的具体内容到底隐藏了多少财务风险，财务损失窟窿到底有多大（能否靠政府现有的紧急资金救助规模渡过难关），否则资本市场仍将担心瑞信在资产端拥有大量未知的投资损失，被迫从瑞信持续抽走存款资金或投资款，导致瑞信很可能遭遇比硅谷银行更严峻的挤兑风波，进而冲击欧美金融市场稳定性。

问题：企业的内部控制有何重要性？

资料来源：https://baijiahao.baidu.com/s?id=1760571940980637959&wfr=spider&for=pc. 有删改。

基本内容框架

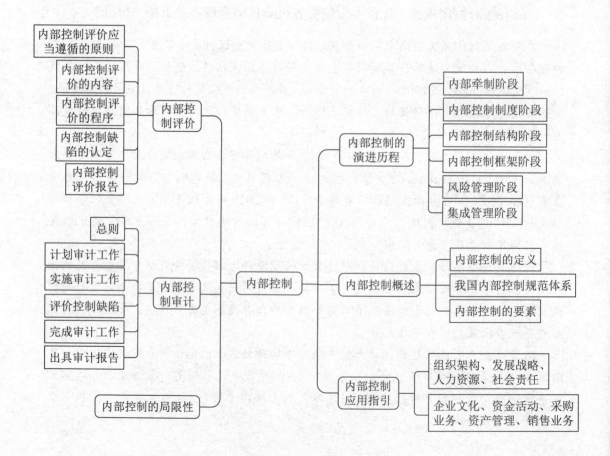

第一节　内部控制的演进历程

内部控制的发展经历了漫长的历史过程，经历了内部牵制、内部控制制度、内部控制结构、内部控制整体框架和风险管理和集成管理六个不同阶段。

一、内部牵制阶段（20 世纪 40 年代以前）

内部牵制是指以提供有效的组织和经营，并防止错误和其他非法业务发生为目的的业务流程设计。它是企业内部控制的初级阶段。其基本原理是以账目间的相互核对为主要内容并实施岗位分离，基本目的是查错防弊。即使是在后来形成的系统化企业内部控制理论中，内部牵制仍是企业规划、职务分离控制的基础。

内部牵制制度的核心理论是，有关经济业务或事项的处理不能由一个人或一个部门总揽全过程，而应当是通过其他个人或部门的功能进行交叉控制。这是因为：两个以上的人或部门无意识犯同样错误的可能性很小；两个以上的人或部门有意识地串通舞弊的可能性大大低于一个人或一个部门舞弊的可能性。

内部牵制以不相容职务分离和授权批准控制为标志。在古罗马，会计账簿实施的"双人记账制"就是内部牵制的典型。内部牵制的执行可通过以下 4 种方式进行。

1. 实物牵制

由两个以上人员共同掌握必要的实物工具，共同完成一定程序的牵制。例如，由两个以上工作人员掌管保险柜锁匙。

2. 机械牵制

只有按照正确的程序操作机械，才能完成一定过程的操作。

3. 体制牵制

为防止错误和舞弊，对于每一项经济业务的处理，都要求有两个或两个以上人员共同分工负责，以相互牵制、相互制约的机制。

4. 簿记牵制

通过簿记内在的控制职能而实现的牵制。

二、内部控制制度阶段（20 世纪 40 年代至 70 年代）

20 世纪 40 年代至 70 年代初，内部控制从对单独经济活动进行独立控制为主，向对全部经济活动进行系统控制为主发展。内部控制完成了其核心内容的构建过程，形成了由组织结构、岗位职责、人员条件、业务处理程序、检查标准和内部审计等要素构成的内部控制系统。这一时期的内部控制制度，是传统的内部牵制思想与古典管理理论相结合的产物。

1949 年，美国注册会计师协会（AICPA）所属的审计程序委员会发表《内部控制：系统协调的要素及其对管理部门和独立公共会计师的重要性》的特别报告，首次正式提出了内部控制的定义。

1958年，AICPA审计程序委员会发布的第29号审计程序公报《独立审计人员评价内部控制的范围》将内部控制分为内部会计控制和内部管理控制，这也是企业内部控制中"制度二分法"的渊源。

随着企业规模的扩大，要求建立完善的控制技术以及时发现会计中的舞弊行为；而分支机构的出现，也要求建立内部控制制度来确保各分支机构会计程序的统一性和运用会计程序的一致性。出于降低外部审计成本的需要，审计人员逐渐抛弃了详细审计技术。在这一阶段，建立健全内部控制系统上升为法律的要求。

1980年3月，在国际内部审计师协会代表大会的发言中，凯罗鲁斯把内部控制的两分法描绘为"将美玉击成了碎片"。

三、内部控制结构阶段（20世纪80年代至90年代）

自20世纪80年代始，内部控制的理论研究重点逐渐向具体内容深化。其标志是美国AICPA于1988年发布的《审计准则公告第55号——财务报表审计中对内部控制的考虑》。公告首次以内部控制结构代替内部控制，认为内部控制结构包括为合理保证企业特定目标的实现而建立的各种政策和程序。内部控制结构包括3个要素，即控制环境、会计制度和控制程序。其中，控制环境是企业有效的内部控制体系得以建立和运行的基础和保证。会计制度是企业内部控制结构的关键要素。控制程序是保证内部控制结构有效运行的机制，是管理层所制定的政策和程序。

这一阶段的内部控制将会计控制和管理控制融为一体，从"制度二分法"阶段步入"结构三要素"阶段，是内部控制和风险管理发展史上的一次重要改变。

四、内部控制框架阶段（20世纪90年代以后）

1985年，由美国注册会计师协会（AICPA）、美国会计协会（AAA）、财务经理人协会（FEI）、内部审计师协会（IIA）、美国管理会计师协会（IMA）联合创建了反虚假财务报告委员会，旨在探讨财务报告舞弊产生的原因，并寻找解决之道。两年后，基于反虚假财务报告委员会的建议，其赞助机构成立COSO（Committee of Sponsoring Organization）委员会，专门研究内部控制问题。1992年9月，COSO委员会经过充分研究，发布了指导内部控制实践的纲领性文件《内部控制——整体框架》（Internal Control-Integrated Framework），简称COSO报告，并于1994年进行了增补。这份报告堪称内部控制发展史上的里程碑，标志着内部控制理论与实践进入整体框架的新阶段。

COSO报告认为，内部控制由5个相互联系的要素组成并构成了一个系统，这5个组成要素是：控制环境、风险评估、控制活动、信息与沟通、监控（见图7-1）。

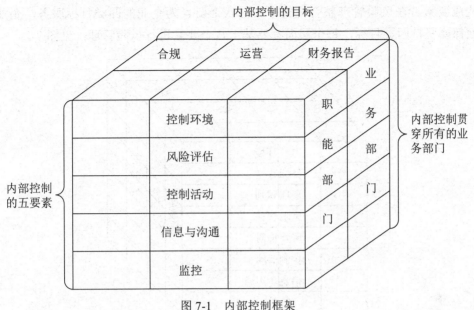

图 7-1 内部控制框架

五、风险管理阶段（2004—2016 年）

针对安然、世通、施乐等公司的财务丑闻及一系列上市公司财务欺诈事件造成的美国股市危机，2002 年 7 月，美国国会通过了关于会计和公司治理一揽子改革的《2002 年公众公司会计改革和投资者保护法案》（以下简称《萨班斯法案》），是一部涉及会计职业监管、公司治理、证券市场监管等方面改革的重要法律。所有在美国上市的公司，都必须遵守该法案。

《萨班斯法案》强调了公司内部控制的重要性，从管理层、内部审计及外部审计等几个层面对公司内部控制作了具体规定，并设置了问责机制和相应的惩罚措施。《萨班斯法案》404 条款明确指出公司管理层对建立和保持一套完整的、与财务报告相关的内部控制系统所负有的责任，并要求管理层在财务年度末，对公司财务报告相关的内部控制体系做出有效性的评估，会计师事务所的审计师需要对管理层所作的有效性评估发表意见。

2004 年 9 月，COSO 在借鉴以往有关内部控制研究报告的基本精神的基础上，结合《萨班斯法案》在财务报告方面的具体要求，发布了《企业风险管理整合框架》（Enterprise Risk Management-Integrated Framework，以下简称《ERM 框架》）见图 7-20。

《ERM 框架》认为，风险管理是由董事会、管理层和其他人员实施的，应用于战略制定并贯穿于企业之中，旨在识别可能影响主体的潜在事项、管理风险，以使其在该主体的风险容量之内，并为主体目标的实现提供合理保证的过程。由此，将内部控制上升到了全面风险管理的高度。

《ERM 框架》包括战略目标、经营目标、报告目标和合规目标四类目标与内部环境、目标设定、事项识别、风险评估、风险应对、控制活动、信息与沟通和监控八个相互关联的构成要素。在风险管理整合框架中，这八个要素为企业的四类目标服务，企业的各个层面都要坚持四类目标，每个层面都要基于八个要素进行风险管理，见图7-2。

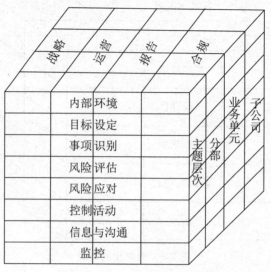

图7-2 企业风险管理整合框架

六、集成管理阶段（2017年开始）

2017年9月COSO更新版《企业风险管理框架》（*Enterprise Risk Management-Integrating with Strategy and Performance*）正式发布，见图7-3。新版本更新的内容主要包括：变更了题目和框架展现方式；应用了要素和原则的编写结构；简化了企业风险管理的定义；强调了风险和价值之间的关联性；重新审视了企业风险管理整合框架所关注的焦点；检验了关于文化在风险管理工作中的定位；提升了对战略相关议题的研讨；增强了绩效和企业风险管理工作的协同效应；体现了企业风险管理支持更加明确的做出决策；明确了企业风险管理和内部控制的关系；优化了风险偏好和风险承受度的概念。

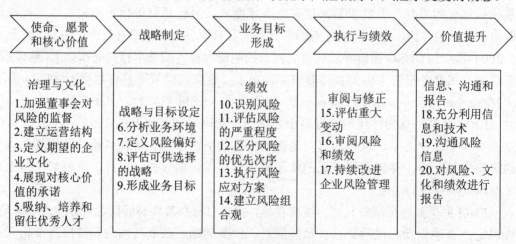

图7-3 企业风险管理框架

第二节 内部控制概述

一、内部控制的定义

COSO委员会关于内部控制的定义与框架

《内部控制——整体框架》认为内部控制是"公司的董事会、管理层及其他人士为实现以下目标提供合理保证而实施的程序:运营的效益和效率,财务报告的可靠性和遵守适用的法律法规"。

COSO委员会特别指出以下几点。

(1) 内部控制是一个实现目标的程序及方法,而其本身并非目标。
(2) 只提供合理保证,而非绝对保证。
(3) 要由企业中各级人员实施与配合。

二、我国内部控制规范体系

2008年5月,财政部等五部委联合发布了《企业内部控制基本规范》(以下简称《基本规范》),2010年4月财政部等五部委出台了《企业内部控制应用指引第1号——组织架构》(下称《应用指引》)等18应用指引、《企业内部控制评价指引》(下称《评价指引》)和《企业内部控制审计指引》(下称《审计指引》),要求自2011年1月1日起在境内外同时上市的公司实行,自2012年1月1日起在深交所、上交所上市的公司实行。

我国企业内部控制规范体系由《基本规范》《应用指引》《评价指引》和《审计指引》构成。《基本规范》《应用指引》《评价指引》和《审计指引》三个类别构成一个相辅相成的整体,标志着适应我国企业实际情况、融合国际先进经验的中国企业内部控制规范体系基本建成。我国内部控制规范的框架体系如图7-4所示。

《基本规范》规定内部控制的目标包括:合理保证企业经营管理合法合规、资产安全、财务报告及相关信息真实完整;提高经营效率和效果;促进企业实现发展战略。

内部控制的五大要素包括:内部环境、风险评估、控制活动、信息与沟通、内部监督。

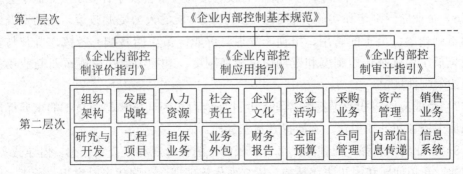

图7-4 内部控制规范的框架体系

三、内部控制的要素

(一) 控制环境

1. COSO《内部控制框架》关于控制环境要素的要求与原则

COSO《内部控制框架》关于控制环境要素的要求为：控制环境决定了企业的基调，直接影响企业员工的控制意识。控制环境提供了内部控制的基本规则和构架，是其他4要素的基础。控制环境包括员工的诚信度、职业道德和才能；管理哲学和经营风格；权责分配方法、人事政策；董事会的经营重点和目标等。

根据2013年修订的COSO《内部控制框架》，控制环境要素应当坚持以下原则。

（1）企业对诚信和道德价值观做出承诺。

（2）董事会独立于管理层，对内部控制的制定及其绩效实施监控。

（3）管理层在董事会的监控下，考虑企业的组织架构，制定报告路径，分配权限和职责。

（4）企业致力于吸引、发展和留任优秀人才，以配合企业目标达成。

（5）企业根据其目标，使员工各自担负起内部控制的相关责任。

2. 我国《企业内部控制基本规范》关于内部环境要素的要求

（1）企业应当根据国家有关法律法规和企业章程，建立规范的公司治理结构和议事规则；明确决策、执行、监督等方面的职责权限，形成科学有效的职责分工和制衡机制。

（2）董事会负责内部控制的建立健全和有效实施。监事会对董事会建立与实施内部控制进行监督。经理层负责组织领导企业内部控制的日常运行。

（3）企业应当在董事会下设立审计委员会。审计委员会负责审查企业内部控制，监督内部控制的有效实施和内部控制自我评价情况，协调内部控制审计及其他相关事宜等。审计委员会负责人应当具有相应的独立性、良好的职业操守和专业胜任能力。

（4）企业应当结合业务特点和内部控制要求设置内部机构，明确职责权限，将权利与责任落实到各责任单位。

（5）企业应当加强内部审计工作，保证内部审计机构设置、人员配备和工作的独立性。内部审计机构应当结合内部审计监督，对内部控制的有效性进行监督检查。内部审计机构对监督检查中发现的内部控制缺陷，应当按照企业内部审计工作程序进行报告；对监督检查中发现的内部控制重大缺陷，有权直接向董事会及审计委员会、监事会报告。

（6）企业应当制定和实施有利于企业可持续发展的人力资源政策。人力资源政策应当包括下列内容：员工的聘用、培训、辞退与辞职；员工的薪酬、考核、晋升与奖惩；关键岗位员工的强制休假制度和定期岗位轮换制度；掌握国家秘密或重要商业秘密的员工离岗的限制性规定。

（7）企业应当将职业道德修养和专业胜任能力作为选拔和聘用员工的重要标准，切实加强员工培训和继续教育，不断提升员工素质。

（8）企业应当加强文化建设，培育积极向上的价值观和社会责任感，倡导诚实守信、爱岗敬业、开拓创新和团队协作精神，树立现代管理理念，强化风险意识。董事、监事、经理及其他高级管理人员应当在企业文化建设中发挥主导作用。企业员工应当遵守员工行为守则，认真履行岗位职责。

（9）企业应当加强法制教育，增强董事、监事、经理及其他高级管理人员和员工的法制观念，严格依法决策、依法办事、依法监督，建立健全法律顾问制度和重大法律纠纷案件备案制度。

（二）风险评估

1. COSO《内部控制框架》关于风险评估要素的要求与原则

COSO《内部控制框架》关于风险评估要素的要求为：风险评估的前提是使经营目标在不同层次上相互衔接、保持一致。风险评估指识别、分析相关风险以实现既定目标，从而形成风险管理的基础。由于经济、产业、法规和经营环境的不断变化，需要确立一套机制来识别和应对由这些变化带来的风险。

根据 2013 年修订的 COSO《内部控制框架》，风险评估要素应当坚持以下原则。

（1）企业制定足够清晰的目标，以便识别和评估有关目标所涉及的风险。

（2）从整个企业的角度来识别实现目标所涉及的风险并分析风险，据此决定应如何管理这些风险。

（3）企业在评估影响目标实现的风险时，应考虑潜在的舞弊行为。

（4）企业识别并评估可能会对内部控制系统产生重大影响的变更。

2. 我国《企业内部控制基本规范》关于风险评估要素的要求

（1）企业应当根据设定的控制目标，全面系统持续地收集相关信息，结合实际情况，及时进行风险评估。

（2）企业开展风险评估，应当准确识别与实现控制目标相关的内部风险和外部风险，确定相应的风险承受度。

（3）企业识别内部风险，应当关注下列因素：董事、监事、经理及其他高级管理人员的职业操守、员工专业胜任能力等人力资源因素；组织机构、经营方式、资产管理、业务流程等管理因素；研究开发、技术投入、信息技术运用等自主创新因素；财务状况、经营成果、现金流量等财务因素；营运安全、员工健康、环境保护等安全环保因素。

（4）企业识别外部风险，应当关注下列因素：经济形势、产业政策、融资环境、市场竞争、资源供给等经济因素；法律法规、监管要求等法律因素；安全稳定、文化传统、社会信用、教育水平、消费者行为等社会因素；技术进步、工艺改进等科学技术因素；自然灾害、环境状况等自然环境因素。

（5）企业应当采用定性与定量相结合的方法，按照风险发生的可能性及其影响程度等，对识别的风险进行分析和排序，确定关注重点和优先控制的风险。企业进行风险分析，应当充分吸收专业人员，组成风险分析团队，按照严格规范的程序开展工作，确保风险分析结果的准确性。

（6）企业应当根据风险分析的结果，结合风险承受度，权衡风险与收益，确定风险应对策略。企业应当合理分析、准确掌握董事、经理及其他高级管理人员、关键岗位员工的风险偏好,采取适当的控制措施,避免因个人风险偏好给企业经营带来重大损失。

(7)企业应当综合运用风险规避、风险降低、风险分担和风险承受等风险应对策略,实现对风险的有效控制。

(8)企业应当结合不同发展阶段和业务拓展情况,持续收集与风险变化相关的信息,进行风险识别和风险分析,及时调整风险应对策略。

(三)控制活动

1. COSO《内部控制框架》关于控制活动要素的要求与原则

COSO《内部控制框架》关于控制活动要素的要求为:控制行为有助于确保实施必要的措施以管理风险,实现经营目标。控制行为体现在整个企业的不同层次和不同部门中。包括诸如批准、授权、查证、核对、复核经营业绩、资产保护和职责分工等活动。

根据2013年修订的COSO《内部控制框架》,控制活动要素应当坚持以下原则。

(1)企业选择并制定有助于将目标实现风险降低至可接受水平的控制活动。

(2)企业进行技术选择并制定一般控制政策。

(3)企业通过政策和程序来部署控制活动:政策用来确定所期望的目标;程序则将政策付诸行动。

2. 我国《企业内部控制基本规范》关于控制活动要素的要求

(1)企业应当结合风险评估结果,通过手工控制与自动控制、预防性控制与发现性控制相结合的方法,运用相应的控制措施,将风险控制在可承受度之内。

控制措施一般包括:不相容职务分离控制、授权审批控制、会计系统控制、财产保护控制、预算控制、运营分析控制和绩效考评控制等。

(2)不相容职务分离控制(见图7-5)要求企业全面系统地分析、梳理业务流程中所涉及的不相容职务,实施相应的分离措施,形成各司其职、各负其责、相互制约的工作机制。

图7-5 不相容职务分离控制

(3)授权审批控制要求企业根据常规授权和特别授权的规定,明确各岗位办理业务和事项的权限范围、审批程序和相应责任。企业应当编制常规授权的权限指引,规范特别授权的范围、权限、程序和责任,严格控制特别授权。常规授权是指企业在日常经营管理活动中按照既定的职责和程序进行的授权。特别授权是指企业在特殊情况、特定条件下进行的授权。企业各级管理人员应当在授权范围内行使职权和承担责任。企业对于重大的业务和事项,应当实行集体决策审批或者联签制度,任何个人不得单独进行决策或者擅自改变集体决策。

（4）会计系统控制要求企业严格执行国家统一的会计准则制度，加强会计基础工作，明确会计凭证、会计账簿和财务会计报告的处理程序，保证会计资料真实完整。企业应当依法设置会计机构，配备会计从业人员。从事会计工作的人员，必须取得会计从业资格证书。会计机构负责人应当具备会计师以上专业技术职务资格。大中型企业应当设置总会计师。设置总会计师的企业，不得设置与其职权重叠的副职。

（5）财产保护控制要求企业建立财产日常管理制度和定期清查制度，采取财产记录、实物保管、定期盘点、账实核对等措施，确保财产安全。企业应当严格限制未经授权的人员接触和处置财产。

（6）预算控制要求企业实施全面预算管理制度，明确各责任单位在预算管理中的职责权限，规范预算的编制、审定、下达和执行程序，强化预算约束。

（7）运营分析控制要求企业建立运营情况分析制度，经理层应当综合运用生产、购销、投资、筹资、财务等方面的信息，通过因素分析、对比分析、趋势分析等方法，定期开展运营情况分析，发现存在的问题，及时查明原因并加以改进。

（8）绩效考评控制要求企业建立和实施绩效考评制度，科学设置考核指标体系，对企业内部各责任单位和全体员工的业绩进行定期考核和客观评价，将考评结果作为确定员工薪酬以及职务晋升、评优、降级、调岗、辞退等的依据。

（9）企业应当根据内部控制目标，结合风险应对策略，综合运用控制措施，对各种业务和事项实施有效控制。

（10）企业应当建立重大风险预警机制和突发事件应急处理机制，明确风险预警标准，对可能发生的重大风险或突发事件，制定应急预案、明确责任人员、规范处置程序，确保突发事件得到及时妥善处理。

（四）信息与沟通

1. COSO《内部控制框架》关于信息与沟通要素的要求与原则

COSO《内部控制框架》关于信息与沟通要素的要求为：公允的信息必须被确认、捕获并以一定形式及时传递，以便员工履行职责。信息系统产出涵盖经营、财务和遵循性信息的报告，以助于经营和控制企业。信息系统不仅处理内部产生的信息，还包括与企业经营决策和对外报告相关的外部事件、行为和条件等。有效的沟通从广义上说是信息的自上而下、横向以及自下而上的传递。所有员工必须从管理层得到清楚的信息，认真履行控制职责；员工必须理解自身在整个内控系统中的位置，理解个人行为与其他员工工作的相关性。员工必须有向上传递重要信息的途径。同时，与外部诸如客户、供应商、管理当局和股东之间也需要有效的沟通。

根据2013年修订的COSO《内部控制框架》，信息与沟通要素应当坚持以下原则。

（1）企业获取或生成和使用相关的高质量信息，以支持内部控制其他要素发挥效用。

（2）企业用于内部沟通的内部控制信息，包括内部控制目标和职责范围，必须能够支持内部控制的其他要素发挥效用。

（3）企业就影响内部控制其他要素发挥效用的事项与外部各方进行沟通。

2. 我国《企业内部控制基本规范》关于信息与沟通要素的要求

（1）企业应当建立信息与沟通制度，明确内部控制相关信息的收集、处理和传递程序，确保信息及时沟通，促进内部控制有效运行。

（2）企业应当对收集的各种内部信息和外部信息进行合理筛选、核对、整合，提高信息的有用性。企业可以通过财务会计资料、经营管理资料、调研报告、专项信息、内部刊物、办公网络等渠道，获取内部信息。企业可以通过行业协会组织、社会中介机构、业务往来单位、市场调查、来信来访、网络媒体以及有关监管部门等渠道，获取外部信息。

（3）企业应当将内部控制相关信息在企业内部各管理级次、责任单位、业务环节之间，以及企业与外部投资者、债权人、客户、供应商、中介机构和监管部门等有关方面之间进行沟通和反馈。信息沟通过程中发现的问题，应当及时报告并加以解决。重要信息应当及时传递给董事会、监事会和经理层。

（4）企业应当利用信息技术促进信息的集成与共享，充分发挥信息技术在信息与沟通中的作用。企业应当加强对信息系统开发与维护、访问与变更、数据输入与输出、文件储存与保管、网络安全等方面的控制，保证信息系统安全稳定运行。

（5）企业应当建立反舞弊机制，坚持惩防并举、重在预防的原则，明确反舞弊工作的重点领域、关键环节和有关机构在反舞弊工作中的职责权限，规范舞弊案件的举报、调查、处理、报告和补救程序。企业至少应当将下列情形作为反舞弊工作的重点：未经授权或者采取其他不法方式侵占、挪用企业资产，牟取不当利益；在财务会计报告和信息披露等方面存在的虚假记载、误导性陈述或者重大遗漏等；董事、监事、经理及其他高级管理人员滥用职权；相关机构或人员串通舞弊。

（6）企业应当建立举报投诉制度和举报人保护制度，设置举报专线，明确举报投诉处理程序、办理时限和办结要求，确保举报、投诉成为企业有效掌握信息的重要途径。举报投诉制度和举报人保护制度应当及时传达至全体员工。

（五）监控

1. COSO《内部控制框架》关于监控要素的要求与原则

COSO《内部控制框架》关于监控要素的要求为：内部控制系统需要被监控，即对该系统有效性进行评估的全过程。可以通过持续性的监控行为、独立评估或两者的结合来实现对内控系统的监控。持续性的监控行为发生在企业的日常经营过程中，包括企业的日常管理和监督行为、员工履行各自职责的行为。独立评估活动的广度和频度有赖于风险评估和日常监控程序的有效性。内部控制的缺陷应该自下而上进行汇报，性质严重的应上报最高管理层和董事会。

根据2013年修订的COSO《内部控制框架》，监控要素应当坚持以下原则。

（1）企业选择、制定并实行持续及/或单独的评估，以判定内部控制各要素是否存在且发挥效用。

（2）企业及时评估内部控制缺陷，并将有关缺陷及时通报给负责整改措施的相关方，包括高级管理层和董事会（如适当）。

2. 我国《企业内部控制基本规范》关于内部监督要素的要求

（1）企业应当根据本规范及其配套办法，制定内部控制监督制度，明确内部审计机构（或经授权的其他监督机构）和其他内部机构在内部监督中的职责权限，规范内部监督的程序、方法和要求。内部监督分为日常监督和专项监督。日常监督是指企业对建立与实施内部控制的情况进行常规、持续的监督检查；专项监督是指在企业发展战略、组织结构、经营活动、业务流程、关键岗位员工等发生较大调整或变化的情况下，对内部控制的某一或者某些方面进行有针对性的监督检查。专项监督的范围和频率应当根据风险评估结果以及日常监督的有效性等予以确定。

（2）企业应当制定内部控制缺陷认定标准，对监督过程中发现的内部控制缺陷，应当分析缺陷的性质和产生的原因，提出整改方案，采取适当的形式及时向董事会、监事会或者经理层报告。内部控制缺陷包括设计缺陷和运行缺陷。企业应当跟踪内部控制缺陷整改情况，并就内部监督中发现的重大缺陷，追究相关责任单位或者责任人的责任。

（3）企业应当结合内部监督情况，定期对内部控制的有效性进行自我评价，出具内部控制自我评价报告。内部控制自我评价的方式、范围、程序和频率，由企业根据经营业务调整、经营环境变化、业务发展状况、实际风险水平等自行确定。

（4）企业应当以书面或者其他适当的形式，妥善保存内部控制建立与实施过程中的相关记录或者资料，确保内部控制建立与实施过程的可验证性。

巨人集团的内部控制

巨人集团是靠高科技发展起来的，以推出"巨人汉卡"和"巨人脑黄金"而闻名。

脑黄金的成功只是一个好主意加上成功营销的战术上的胜利，巨人对这一胜利明显感到无所适从。"脑黄金"虽然火爆了一把，但其只是一个很短期化的投资活动，不是一个在企业远景框架下，基于市场需求树立顾客心中位置的战略扩张。巨人在生物工程领域，把一切都寄托于一个产品，没有长远的诉求。巨人进入生物工程是有本钱的：优秀的产品、一定量的资金，但是该行业进入成长期后仍需要足量资金的支援，史玉柱却釜底抽薪，在最关键的时候拿走了生存、竞争保证，导致了"半死不活、逐渐萎缩"的结局。

从建巨人大厦到进入房地产，仅仅是因为巨人觉察到了房地产的火热，有利可图，而不考虑行业本身特点所引起的风险。

巨人大厦本应是史某柱和他的巨人集团的一个丰碑式的建筑，结果却成了一个拥有上亿资产的庞大企业集团衰落的开始。

巨人的董事会是空的，决策是一个人说了算。决策权过度集中在少数高层决策人手中，尤其是一个人手中。决策人兼具所有权和经营权，危险更大。

问题：从内部控制要素看，巨人集团有哪些问题？

资料来源：企业内部控制编审委员会.企业内部控制基本规范及配套指引案例讲解（修订版）[M].上海：立信会计出版社，2012：7-8.有删改。

案例

不相容职务分离控制

不相容职务，是指在经济业务处理过程中，集中一人办理容易产生漏洞和弊端的两项或两项以上的职务。例如，一名员工既负责签发支票、记录支票登记簿，又负责企业银行账的对账工作，那么如果该员工伪造签名、贪污企业款项，他就有可能隐瞒对贪污款项的支票记录，而且又因掌管对账工作，可以使得舞弊行为被隐瞒而不被发现。这样，上述签发支票、记录支票登记簿与银行对账两种职务就成为不相容职务，这两种职务必须由两名员工分别担任以便进行控制。

不相容职务分离的核心是内部牵制。企业在设计内部控制制度时，首先要确定哪些岗位和职务是不相容的；其次要明确规定各个机构和岗位的职责权限，使不相容岗位和职务之间能够相互监督、相互制约，形成有效的制衡机制。不相容岗位是指设置的岗位不能交叉，不能重叠，不能由同一个人担任。企业的经济业务活动一般可划分为五个步骤，即授权、签发、核准、执行和记录。如果上述几个步骤分别由不同的人员（或部门）实施，就能够保证不相容职务相分离。

COSO委员会提出，不相容职务相分离要求每项经济业务都要经过两个或两个以上的部门或人员的处理，使得单个人或部门的工作必须与其他人或部门的工作相一致或相联系，并相互监督和制约。不相容职务分离控制要求企业按照不相容职务相互分离的原则，合理设置会计及相关工作岗位，明确职责权限，形成相互制衡的机制。我国的《内部会计控制规范—基本规范》第七条规定："内部会计控制应当保证单位内部涉及会计工作的机构、岗位的合理设置及其职责权限的合理划分，坚持不相容职务相互分离，确保不同机构和岗位之间权责分明、相互制约、相互监督。"可见，不相容职务相互分离控制，既是企业建立内部控制制度应当遵循的一项基本原则，又是企业实施内部控制的一种基本方法。

资料来源：候亚辉. 不相容职务分离的内部控制要求及缺陷分析[J]. 财会月刊，2010（7）：48-50.

第三节 《内部控制应用指引》

一、组织架构

《企业内部控制应用指引第1号——组织架构》所称组织架构，是指企业按照国家有关法律法规、股东（大）会决议和企业章程，结合本企业实际，明确股东（大）会、董事会、监事会、经理层和企业内部各层级机构设置、职责权限、人员编制、工作程序和相关要求的制度安排。

（一）组织架构设计和运行中需要关注的主要风险

1. 治理结构形同虚设，缺乏科学决策、良性运行机制和执行力，可能导致企业经营失败，难以实现发展战略。

2. 内部机构设计不科学，权责分配不合理，可能导致机构重叠、职能交叉或缺失、推诿扯皮，运行效率低下。

（二）内控要求与措施

1. 组织架构的设计

（1）企业应当根据国家有关法律法规的规定，明确董事会、监事会和经理层的职责权限、任职条件、议事规则和工作程序，确保决策、执行和监督相互分离，形成制衡。

（2）企业的重大决策、重大事项、重要人事任免及大额资金支付业务等，应当按照规定的权限和程序实行集体决策审批或者联签制度。任何个人不得单独进行决策或者擅自改变集体决策意见。重大决策、重大事项、重要人事任免及大额资金支付业务的具体标准由企业自行确定。

（3）企业应当按照科学、精简、高效、透明、制衡的原则，综合考虑企业性质、发展战略、文化理念和管理要求等因素，合理设置内部职能机构，明确各机构的职责权限，避免职能交叉、缺失或权责过于集中，形成各司其职、各负其责、相互制约、相互协调的工作机制。

（4）企业应当对各机构的职能进行科学合理的分解，确定具体岗位的名称、职责和工作要求等，明确各个岗位的权限和相互关系。企业在确定职权和岗位分工过程中，应当体现不相容职务相互分离的要求。

（5）企业应当制定组织结构图、业务流程图、岗（职）位说明书和权限指引等内部管理制度或相关文件，使员工了解和掌握组织架构设计及权责分配情况，正确履行职责。

2. 组织架构的运行

（1）企业应当根据组织架构的设计规范，对现有治理结构和内部机构设置进行全面梳理，确保本企业治理结构、内部机构设置和运行机制等符合现代企业制度要求。

企业梳理治理结构，应当重点关注董事、监事、经理及其他高级管理人员的任职资格和履职情况，以及董事会、监事会和经理层的运行效果。治理结构存在问题的，应当采取有效措施加以改进。

企业梳理内部机构设置，应当重点关注内部机构设置的合理性和运行的高效性等。内部机构设置和运行中存在职能交叉、缺失或运行效率低下的，应当及时解决。

（2）企业拥有子公司的，应当建立科学的投资管控制度，通过合法有效的形式履行出资人职责、维护出资人权益，重点关注子公司特别是异地、境外子公司的发展战略、年度财务预决算、重大投融资、重大担保、大额资金使用、主要资产处置、重要人事任免、内部控制体系建设等重要事项。

（3）企业应当定期对组织架构设计与运行的效率和效果进行全面评估，发现组织架构设计与运行中存在缺陷的，应当进行优化调整。

二、发展战略

《企业内部控制应用指引第2号——发展战略》所称发展战略，是指企业在对现实状况和未来趋势进行综合分析和科学预测的基础上，制定并实施的长远发展目标与战略规划。

（一）制定与实施发展战略需关注的主要风险

（1）缺乏明确的发展战略或发展战略实施不到位，可能导致企业盲目发展，难以形成竞争优势，丧失发展机遇和动力。

（2）发展战略过于激进，脱离企业实际能力或偏离主业，可能导致企业过度扩张，甚至经营失败。

（3）发展战略因主观原因频繁变动，可能导致企业资源浪费，甚至危及企业的生存和持续发展。

（二）内控要求与措施

1.发展战略的制定

（1）在充分调查研究、科学分析预测和广泛征求意见的基础上制定发展目标。

（2）根据发展目标制定战略规划。

（3）在董事会下设立战略委员会，或指定相关机构负责发展战略管理工作，履行相应职责。

（4）董事会应当严格审议战略委员会提交的发展战略方案，重点关注其全局性、长期性和可行性。发现重大问题，应当责成战略委员会对方案做出调整。企业的发展战略方案经董事会审议通过后，报经股东（大）会批准实施。

2.发展战略的实施

（1）企业应当根据发展战略，制订年度工作计划，编制全面预算，将年度目标分解、落实。

（2）企业应当重视发展战略的宣传工作，通过内部各层级会议和教育培训等有效方式，将发展战略及其分解落实情况传递到内部各管理层级和全体员工。

（3）战略委员会应当加强对发展战略实施情况的监控，定期收集和分析相关信息，对于明显偏离发展战略的情况，应当及时报告。

（4）由于经济形势、产业政策、技术进步、行业状况以及不可抗力等因素发生重大变化，确需对发展战略做出调整的，应当按照规定权限和程序调整发展战略。

> **案例** ▶

比亚迪的发展战略

1995年2月，比亚迪股份公司创立于中国深圳，是一个致力于"用创新，实现人类对美好的追求"的高新科技企业。在比亚迪公司成立的时候，就将公司的战略发展分为三个阶段：

第一阶段，电池产业。比亚迪在踏入电池领域伊始，就将成为"电池领域内的国内一流企业，赶超世界先进水平，继而成为世界电池领域内的一流企业"作为企业的目标。

第二阶段：IT产业。1997年之后比亚迪决定涉足锂电池产业，很快成为摩托罗拉、诺基亚等大牌手机电池的重要供应商。

第三阶段：汽车产业。2003年比亚迪汽车在西安正式成立，成立之初的比亚迪汽车就已经确立了发展新能源汽车的战略目标，积极投入到新能源汽车的研发生产中。比亚迪汽车一直秉承"自主研发、自主品牌、自主发展"的发展模式，以"世界先进水平的好车"为产品目标，以"打造民族的世界级汽车品牌"为产业目标，立志振兴我国民族汽车产业。比亚迪公司汽车集团的主营业务布局主要涉及电气、车辆、新能源汽车和城市轨道交通等领域，从新能量的收集、储存，再到实际运用，全面打造了零污染的新一代整车方案。比亚迪公司同时在中国香港和深圳上市，营运额和总价值都超千亿元。

比亚迪主要经营包括以新能源汽车为主的汽车业务，手机部件及组装业务，二次充电电池及光伏业务，并积极利用自身技术优势拓展城市轨道交通及其他业务。2022年和2021年，集团产品的收入与比重见表7-1。

表7-1　2022年和2021年集团产品的收入与营业收入比重　　　　单位：亿

产　　品	2022		2021		同比增减
	金额	占营业收入比重	金额	占营业收入比重	
手机部件、组装及其他产品	988.15	23.30%	864.54	40.00%	14.30%
汽车、汽车相关产品及其他产品	3 246.91	76.57%	1 289.60	59.66%	151.78%
其他	5.54	0.13%	7.27	0.34%	−23.79%

三、人力资源

《企业内部控制应用指引第3号——人力资源》所称人力资源，是指企业组织生产经营活动而录（任）用的各种人员，包括董事、监事、高级管理人员和全体员工。

（一）需关注的主要风险

（1）人力资源缺乏或过剩、结构不合理、开发机制不健全，可能导致企业发展战略难以实现。

（2）人力资源激励约束制度不合理、关键岗位人员管理不完善，可能导致人才流失、经营效率低下或关键技术、商业秘密和国家机密泄露。

（3）人力资源退出机制不当，可能导致法律诉讼或企业声誉受损。

（二）内控要求与措施

1. 人力资源的引进与开发

（1）企业应当根据人力资源总体规划，结合生产经营实际需要，制订年度人力资源需求计划，完善人力资源引进制度，规范工作流程，按照计划、制度和程序组织人力资源引进工作。

（2）企业应当根据人力资源能力框架要求，明确各岗位的职责权限、任职条件和工作要求，遵循德才兼备、以德为先和公开、公平、公正的原则，通过公开招聘、竞争上岗等多种方式选聘优秀人才，重点关注选聘对象的价值取向和责任意识。

企业选拔高级管理人员和聘用中层及以下员工，应当切实做到因事设岗、以岗选人，避免因人设事或设岗，确保选聘人员能够胜任岗位职责要求。

企业选聘人员应当实行岗位回避制度。

（3）企业确定选聘人员后，应当依法签订劳动合同，建立劳动用工关系。

企业对于在产品技术、市场、管理等方面掌握或涉及关键技术、知识产权、商业秘密或国家机密的工作岗位，应当与该岗位员工签订有关岗位保密协议，明确保密义务。

（4）企业应当建立选聘人员试用期和岗前培训制度，对试用人员进行严格考察，促进选聘员工全面了解岗位职责，掌握岗位基本技能，适应工作要求。试用期满考核合格后，方可正式上岗；试用期满考核不合格者，应当及时解除劳动关系。

（5）企业应当重视人力资源开发工作，建立员工培训长效机制，营造尊重知识、尊重人才和关心员工职业发展的文化氛围，加强后备人才队伍建设，促进全体员工的知识、技能持续更新，不断提升员工的服务效能。

2. 人力资源的使用与退出

（1）企业应当建立和完善人力资源的激励约束机制，设置科学的业绩考核指标体系，对各级管理人员和全体员工进行严格考核与评价，以此作为确定员工薪酬、职级调整和解除劳动合同等的重要依据，确保员工队伍处于持续优化状态。

（1）企业应当制定与业绩考核挂钩的薪酬制度，切实做到薪酬安排与员工贡献相协调，体现效率优先，兼顾公平。

（2）企业应当制定各级管理人员和关键岗位员工定期轮岗制度，明确轮岗范围、轮岗周期、轮岗方式等，形成相关岗位员工的有序持续流动，全面提升员工素质。

（3）企业应当按照有关法律法规规定，结合企业实际，建立健全员工退出（辞职、解除劳动合同、退休等）机制，明确退出的条件和程序，确保员工退出机制得到有效实施。

企业对考核不能胜任岗位要求的员工，应当及时暂停其工作，安排再培训，或调整工作岗位，安排转岗培训；仍不能满足岗位职责要求的，应当按照规定的权限和程序解除劳动合同。

企业应当与退出员工依法约定保守关键技术、商业秘密、国家机密和竞业限制的期限，确保知识产权、商业秘密和国家机密的安全。

企业关键岗位人员离职前，应当根据有关法律法规的规定进行工作交接或离任审计。

（4）企业应当定期对年度人力资源计划执行情况进行评估，总结人力资源管理经验，分析存在的主要缺陷和不足，完善人力资源政策，促进企业整体团队充满生机和活力。

休假也是内控

强制休假是西方银行业广泛采用的内控方法。这种休假往往是在下班前突然下发强制休假通知单，并指定了交接人员立即办理交接，而且新上岗的都是能洞察秋毫的高手，实际是稽核人员。

从传统角度出发，员工在休假时，单位必须有明确的工作交接制度。任何一个岗位，总会出现员工因急事、生病或出差等原因不能正常上班的情形，但很多单位在制度设计时都没有考虑到员工暂时离岗时，工作由谁接替的问题。实际操作中，在遇到员工临时休假或出差时，企业便临时指派一位相关人员来兼任。事实上，这种临时抱佛脚的做法，稍有不当，可能会给企业带来风险。企业正常的工作安排中通常会将不相容职务由两个以上的人来担任，以便相互牵制，而临时指派某人兼任的做法，可能会导致不相容职务由同一人担任。例如支票印鉴平常一般都由两人分别保管，如果因其中一人临时有事而指派另一人暂时兼任，由一人掌握所有空白支票和印鉴的话，盗用支票的风险就会大大增加。因此，企业有必要明确规定一些重要岗位的工作交接制度及授权制度，防止员工临时休假或出差时留下内部控制"真空"的现象。

曾经轰动一时的国家自然科学基金委员会资金管理处会计贪污挪用高达2.2亿元巨额资金的案件，究其原因就是缺乏相应的交接制度，导致该会计人员既管记账又管拨款、既是会计又是出纳，这种岗位职责上的不合理重叠，致使在长达8年的时间里几十笔巨额资金去向不明这一情况一直未被察觉，最终催生出了一起巨额的职务侵占案件。

这种职务上的交叠情况发生在此类单位中并不奇怪。不少行政事业单位因人手不够，而又缺乏相应的应对措施，因此突遇临时性的人员离岗情况时，一般只有两种结果。一种就是某项工作因人员休假或临时性离岗而停滞下来，另一种情况就是如上面案例中，不相容的两项职责由一人承担，从而极易催生风险，而且不易察觉。

但如果从监督的角度出发，休假制度又能反过来促进内控工作的开展。

例如，某高校电教中心常被学生投诉设备故障，经多次自查后未能发现问题。学院院长利用强制休假之机将电教中心负责人支开，派出专人对设备进行检查。检查后，发现学生投诉的情况属实，而且还调查出设备的供应方为电教中心负责人的亲属，在教学设备的采购及管理过程中存在违规行为。

以上案例凸显出休假制度背后蕴藏的内控精神。当然，这里的休假可以理解为一种强制休假。

据了解,为完善内控制度,有效防范违规违纪案件的发生,中国银行早在2005年6月起便开始推行基层机构负责人强制休假和代职制度等9项措施。按照其相关规定,中国银行每年安排基层机构负责人强制休假的比例一般不少于经营性分支机构总数的50%,每次强制休假5~10个工作日。

美国货币管理局要求全美所有银行的雇员每年都要带薪休假一周。"强制休假"是西方银行业广泛采用的内控方法。这种休假往往是在下班前突然下发"强制休假通知单",并指定了交接人员立即办理交接,而且新上岗的都是能洞察秋毫的高手,实际是稽核人员。此举对于强化银行内部管理、防止案件发生、减少银行损失,具有重要作用。强制休假是对经手各种账目、处于银行重要岗位、手中有一定权力的干部实行的一种特殊休假制度。

强制休假制度必须有相配套的岗位人员轮换、衔接等制度。特别针对某些内控环节上的关键岗位或是有较强职业判断依赖性的岗位,随意调换一名员工接替工作反倒可能会带来意想不到的风险,而且这种风险还可能通过个别环节而传导至工作整个链条,从而激发更大的风险。因此,单纯理解休假对内控的意义其实是需要联系企业制度配套状况来加以考虑的,这里的制度配套就体现为一种控制环境。

确保休假制度平稳实施的另一个关键点是人才储备问题。

当下不少企业管理中都采用了AB角的方式,即两人相互配合、互为补充的岗位负责制。而事实上,很多企事业单位都存在人才储备不足的情况。相同的制度在不同的环境下所产生的效果也不尽相同。在控制环境有缺陷的时候,不见得强制休假制度就一定能承担起发现内控漏洞或是说起到多大的监管作用。有时,强行执行还可能适得其反。

资料来源:于濛.休假也是内控.中国会计报,2012年10月12日第007版.

四、社会责任

《企业内部控制应用指引第4号——社会责任》所称社会责任,是指企业在经营发展过程中应当履行的社会职责和义务,主要包括安全生产、产品质量(含服务)、环境保护、资源节约、促进就业、员工权益保护等。

(一)需关注的主要风险

(1)安全生产措施不到位,责任不落实,可能导致企业发生安全事故。

(2)产品质量低劣,侵害消费者利益,可能导致企业巨额赔偿、形象受损,甚至破产。

(3)环境保护投入不足,资源耗费大,造成环境污染或资源枯竭,可能导致企业巨额赔偿、缺乏发展后劲,甚至停业。

(4)促进就业和员工权益保护不够,可能导致员工积极性受挫,影响企业发展和社会稳定。

（二）内控要求与措施

1. 安全生产

（1）业应当根据国家有关安全生产的规定，结合本企业实际情况，建立严格的安全生产管理体系、操作规范和应急预案，强化安全生产责任追究制度，切实做到安全生产。

企业应当设立安全管理部门和安全监督机构，负责企业安全生产的日常监督管理工作。

（2）企业应当重视安全生产投入，在人力、物力、资金、技术等方面提供必要的保障，健全检查监督机制，确保各项安全措施落实到位，不得随意降低保障标准和要求。

（3）企业应当贯彻预防为主的原则，采用多种形式增强员工安全意识，重视岗位培训，对于特殊岗位实行资格认证制度。企业应当加强生产设备的经常性维护管理，及时排除安全隐患。

（4）企业如果发生生产安全事故，应当按照安全生产管理制度妥善处理，排除故障，减轻损失，追究责任。

重大生产安全事故应当启动应急预案，同时按照国家有关规定及时报告，严禁迟报、谎报和瞒报。

2. 产品质量

（1）企业应当根据国家和行业相关产品质量的要求，从事生产经营活动，切实提高产品质量和服务水平，努力为社会提供优质安全健康的产品和服务，最大限度地满足消费者的需求，对社会和公众负责，接受社会监督，承担社会责任。

（2）企业应当规范生产流程，建立严格的产品质量控制和检验制度，严把质量关，禁止缺乏质量保障、危害人民生命健康的产品流向社会。

（3）企业应当加强产品的售后服务。售后发现存在严重质量缺陷、隐患的产品，应当及时召回或采取其他有效措施，最大限度地降低或消除缺陷、隐患产品的社会危害。

企业应当妥善处理消费者提出的投诉和建议，切实保护消费者权益。

3. 环境保护与资源节约

（1）企业应当按照国家有关环境保护与资源节约的规定，结合本企业实际情况，建立环境保护与资源节约制度，认真落实节能减排责任，积极开发和使用节能产品，发展循环经济，降低污染物排放，提高资源综合利用效率。

企业应当通过宣传教育等有效形式，不断提高员工的环境保护和资源节约意识。

（2）企业应当重视生态保护，加大对环保工作的人力、物力、财力的投入和技术支持，不断改进工艺流程，降低能耗和污染物排放水平，实现清洁生产。

企业应当加强对废气、废水、废渣的综合治理，建立废料回收和循环利用制度。

（3）企业应当重视资源节约和资源保护，着力开发利用可再生资源，防止对不可再生资源进行掠夺性或毁灭性开发。

企业应当重视国家产业结构相关政策，特别关注产业结构调整的发展要求，加快高新技术开发和传统产业改造，切实转变发展方式，实现低投入、低消耗、低排放和高效率。

（4）企业应当建立环境保护和资源节约的监控制度，定期开展监督检查，发现问题，及时采取措施予以纠正。污染物排放超过国家有关规定的,企业应当承担治理或相关法律责任。发生紧急、重大环境污染事件时,应当启动应急机制,及时报告和处理,并依法追究相关责任人的责任。

4. 促进就业与员工权益保护

(1)企业应当依法保护员工的合法权益,贯彻人力资源政策,保护员工依法享有劳动权利和履行劳动义务,保持工作岗位相对稳定,积极促进充分就业,切实履行社会责任。

企业应当避免在正常经营情况下批量辞退员工,增加社会负担。

(2)企业应当与员工签订并履行劳动合同,遵循按劳分配、同工同酬的原则,建立科学的员工薪酬制度和激励机制,不得克扣或无故拖欠员工薪酬。企业应当建立高级管理人员与员工薪酬的正常增长机制,切实保持合理水平,维护社会公平。

(3)企业应当及时办理员工社会保险,足额缴纳社会保险费,保障员工依法享受社会保险待遇。企业应当按照有关规定做好健康管理工作,预防、控制和消除职业危害;按期对员工进行非职业性健康监护,对从事有职业危害作业的员工进行职业性健康监护。

企业应当遵守法定的劳动时间和休息休假制度,确保员工的休息休假权利。

(4)企业应当加强职工代表大会和工会组织建设,维护员工合法权益,积极开展员工职业教育培训,创造平等发展机会。企业应当尊重员工人格,维护员工尊严,杜绝性别、民族、年龄等各种歧视,保障员工身心健康。

(5)企业应当按照产学研用相结合的社会需求,积极创建实习基地,大力支持社会有关方面培养、锻炼社会需要的应用型人才。

(6)企业应当积极履行社会公益方面的责任和义务,关心帮助社会弱势群体,支持慈善事业。

五、企业文化

《企业内部控制应用指引第5号——企业文化》所称企业文化,是指企业在生产经营实践中逐步形成的、为整体团队所认同并遵守的价值观、经营理念和企业精神,以及在此基础上形成的行为规范的总称。

(一)需关注的主要风险

(1)缺乏积极向上的企业文化,可能导致员工丧失对企业的信心和认同感,企业缺乏凝聚力和竞争力。

(2)缺乏开拓创新、团队协作和风险意识,可能导致企业发展目标难以实现,影响可持续发展。

(3)缺乏诚实守信的经营理念,可能导致舞弊事件的发生,造成企业损失,影响企业信誉。

(4)忽视企业间的文化差异和理念冲突,可能导致并购重组失败。

（二）内控要求与措施

1. 企业文化建设

（1）企业应当采取切实有效的措施，积极培育具有自身特色的企业文化，引导和规范员工行为，打造以主业为核心的企业品牌，形成整体团队的向心力，促进企业长远发展。

（2）企业应当培育体现企业特色的发展愿景、积极向上的价值观、诚实守信的经营理念、履行社会责任和开拓创新的企业精神，以及团队协作和风险防范意识。

企业应当重视并购重组后的企业文化建设，平等对待被并购方的员工，促进并购双方的文化融合。

（3）企业应当根据发展战略和实际情况，总结优良传统，挖掘文化底蕴，提炼核心价值，确定文化建设的目标和内容，形成企业文化规范，使其构成员工行为守则的重要组成部分。

（4）董事、监事、经理和其他高级管理人员应当在企业文化建设中发挥主导和垂范作用，以自身的优秀品格和脚踏实地的工作作风，带动影响整个团队，共同营造积极向上的企业文化环境。

企业应当促进文化建设在内部各层级的有效沟通，加强企业文化的宣传贯彻，确保全体员工共同遵守。

（5）企业文化建设应当融入生产经营全过程，切实做到文化建设与发展战略的有机结合，增强员工的责任感和使命感，规范员工行为方式，使员工自身价值在企业发展中得到充分体现。

企业应当加强对员工的文化教育和熏陶，全面提升员工的文化修养和内在素质。

2. 企业文化的评估

（1）企业应当建立企业文化评估制度，明确评估的内容、程序和方法，落实评估责任制，避免企业文化建设流于形式。

（2）企业文化评估，应当重点关注董事、监事、经理和其他高级管理人员在企业文化建设中的责任履行情况、全体员工对企业核心价值观的认同感、企业经营管理行为与企业文化的一致性、企业品牌的社会影响力、参与企业并购重组各方文化的融合度，以及员工对企业未来发展的信心。

（3）企业应当重视企业文化的评估结果，巩固和发扬文化建设成果，针对评估过程中发现的问题，研究影响企业文化建设的不利因素，分析深层次的原因，及时采取措施加以改进。

六、资金活动

《企业内部控制应用指引第 6 号——资金活动》所称资金活动，是指企业筹资、投资和资金营运等活动的总称。

（一）资金活动需关注的主要风险

（1）筹资决策不当，引发资本结构不合理或无效融资，可能导致企业筹资成本过高或债务危机。

（2）投资决策失误，引发盲目扩张或丧失发展机遇，可能导致资金链断裂或资金使用效益低下。

（3）资金调度不合理、营运不畅，可能导致企业陷入财务困境或资金冗余。

（4）资金活动管控不严，可能导致资金被挪用、侵占、抽逃或遭受欺诈。

（二）内控要求与措施

1. 筹资

（1）企业应当根据筹资目标和规划，结合年度全面预算，拟订筹资方案，明确筹资用途、规模、结构和方式等相关内容，对筹资成本和潜在风险做出充分估计。

境外筹资还应考虑所在地的政治、经济、法律、市场等因素。

（2）企业应当对筹资方案进行科学论证，不得依据未经论证的方案开展筹资活动。重大筹资方案应当形成可行性研究报告，全面反映风险评估情况。

企业可以根据实际需要，聘请具有相应资质的专业机构进行可行性研究。

（3）企业应当对筹资方案进行严格审批，重点关注筹资用途的可行性和相应的偿债能力。重大筹资方案，应当按照规定的权限和程序实行集体决策或者联签制度。

筹资方案需经有关部门批准的，应当履行相应的报批程序。筹资方案发生重大变更的，应当重新进行可行性研究并履行相应审批程序。

（4）企业应当根据批准的筹资方案，严格按照规定权限和程序筹集资金。银行借款或发行债券，应当重点关注利率风险、筹资成本、偿还能力以及流动性风险等；发行股票应当重点关注发行风险、市场风险、政策风险及公司控制权风险等。

（5）企业应当严格按照筹资方案确定的用途使用资金。

由于市场环境变化等确需改变资金用途的，应当履行相应的审批程序。严禁擅自改变资金用途。

（6）企业应当加强债务偿还和股利支付环节的管理，对偿还本息和支付股利等做出适当安排。

企业应当按照筹资方案或合同约定的本金、利率、期限、汇率及币种，准确计算应付利息，与债权人核对无误后按期支付。

企业应当选择合理的股利分配政策，兼顾投资者近期和长远利益，避免分配过度或不足。股利分配方案应当经过股东（大）会批准，并按规定履行披露义务。

（7）企业应当加强筹资业务的会计系统控制，建立筹资业务的记录、凭证和账簿，按照国家统一会计准则制度，正确核算和监督资金筹集、本息偿还、股利支付等相关业务，妥善保管筹资合同或协议、收款凭证、入库凭证等资料，定期与资金提供方进行账务核对，确保筹资活动符合筹资方案的要求。

2. 投资

（1）企业应当根据投资目标和规划，合理安排资金投放结构，科学确定投资项目，拟订投资方案，重点关注投资项目的收益和风险。企业选择投资项目应当突出主业，谨慎从事股票投资或衍生金融产品等高风险投资。

境外投资还应考虑政治、经济、法律、市场等因素的影响。

企业采用并购方式进行投资的，应当严格控制并购风险，重点关注并购对象的隐性债务、承诺事项、可持续发展能力、员工状况及其与本企业治理层及管理层的关联关系，合理确定支付对价，确保实现并购目标。

（2）企业应当加强对投资方案的可行性研究，重点对投资目标、规模、方式、资金来源、风险与收益等做出客观评价。

企业根据实际需要，可以委托具备相应资质的专业机构进行可行性研究，提供独立的可行性研究报告。

（3）企业应当按照规定的权限和程序对投资项目进行决策审批，重点审查投资方案是否可行、投资项目是否符合国家产业政策及相关法律法规的规定，是否符合企业投资战略目标和规划、是否具有相应的资金能力、投入资金能否按时收回、预期收益能否实现，以及投资和并购风险是否可控等。重大投资项目，应当按照规定的权限和程序实行集体决策或者联签制度。

投资方案需经有关管理部门批准的，应当履行相应的报批程序。投资方案发生重大变更的，应当重新进行可行性研究并履行相应审批程序。

（4）企业应当根据批准的投资方案，与被投资方签订投资合同或协议，明确出资时间、金额、方式、双方权利义务和违约责任等内容，按规定的权限和程序审批后履行投资合同或协议。

企业应当指定专门机构或人员对投资项目进行跟踪管理，及时收集被投资方经审计的财务报告等相关资料，定期组织投资效益分析，关注被投资方的财务状况、经营成果、现金流量以及投资合同履行情况，发现异常情况，应当及时报告并妥善处理。

（5）企业应当加强对投资项目的会计系统控制，根据对被投资方的影响程度，合理确定投资会计政策，建立投资管理台账，详细记录投资对象、金额、持股比例、期限、收益等事项，妥善保管投资合同或协议、出资证明等资料。

企业财会部门对于被投资方出现财务状况恶化、市价当期大幅下跌等情形的，应当根据国家统一的会计准则制度规定，合理计提减值准备、确认减值损失。

（6）企业应当加强投资收回和处置环节的控制，对投资收回、转让、核销等决策和审批程序做出明确规定。

企业应当重视投资到期本金的回收。转让投资应当由相关机构或人员合理确定转让价格，报授权批准部门批准，必要时可委托具有相应资质的专门机构进行评估。核销投资应当取得不能收回投资的法律文书和相关证明文件。

企业对于到期无法收回的投资，应当建立责任追究制度。

3. 营运

（1）企业应当加强资金营运全过程的管理，统筹协调内部各机构在生产经营过程中的资金需求，切实做好资金在采购、生产、销售等各环节的综合平衡，全面提升资金营运效率。

（2）企业应当充分发挥全面预算管理在资金综合平衡中的作用，严格按照预算要求组织协调资金调度，确保资金及时收付，实现资金的合理占用和营运良性循环。

企业应当严禁资金的体外循环，切实防范资金营运中的风险。

（3）企业应当定期组织召开资金调度会或资金安全检查，对资金预算执行情况进行综合分析，发现异常情况，及时采取措施妥善处理，避免资金冗余或资金链断裂。

企业在营运过程中出现临时性资金短缺的，可以通过短期融资等方式获取资金。资金出现短期闲置的，在保证安全性和流动性的前提下，可以通过购买国债等多种方式，提高资金效益。

（4）企业应当加强对营运资金的会计系统控制，严格规范资金的收支条件、程序和审批权限。

企业在生产经营及其他业务活动中取得的资金收入应当及时入账，不得账外设账，严禁收款不入账、设立"小金库"。

企业办理资金支付业务，应当明确支出款项的用途、金额、预算、限额、支付方式等内容，并附原始单据或相关证明，履行严格的授权审批程序后，方可安排资金支出。

企业办理资金收付业务，应当遵守现金和银行存款管理的有关规定，不得由一人办理货币资金全过程业务，严禁将办理资金支付业务的相关印章和票据集中一人保管。

七、采购业务

《企业内部控制应用指引第7号——采购业务》所称采购，是指购买物资（或接受劳务）及支付款项等相关活动。

（一）需关注的主要风险

（1）采购计划安排不合理，市场变化趋势预测不准确，造成库存短缺或积压，而导致企业生产停滞或资源浪费。

（2）供应商选择不当，采购方式不合理，招投标或定价机制不科学，授权审批不规范，而导致采购物资质次价高，出现舞弊或遭受欺诈。

（3）采购验收不规范，付款审核不严，而导致采购物资、资金损失或信用受损。

（二）内控要求与措施

1. 购买

（1）企业的采购业务应当集中，避免多头采购或分散采购，以提高采购业务效率，降低采购成本，堵塞管理漏洞。企业应当对办理采购业务的人员定期进行岗位轮换。重要和技术性较强的采购业务，应当组织相关专家进行论证，实行集体决策和审批。

企业除小额零星物资或服务外,不得安排同一机构办理采购业务全过程。

(2)企业应当建立采购申请制度,依据购买物资或接受劳务的类型,确定归口管理部门,授予相应的请购权,明确相关部门或人员的职责权限及相应的请购和审批程序。

企业可以根据实际需要设置专门的请购部门,对需求部门提出的采购需求进行审核,并进行归类汇总,统筹安排企业的采购计划。

具有请购权的部门对于预算内采购项目,应当严格按照预算执行进度办理请购手续,并根据市场变化提出合理采购申请。对于超预算和预算外采购项目,应先履行预算调整程序,由具备相应审批权限的部门或人员审批后,再行办理请购手续。

(3)企业应当建立科学的供应商评估和准入制度,确定合格供应商清单,与选定的供应商签订质量保证协议,建立供应商管理信息系统,对供应商提供物资或劳务的质量、价格、交货及时性、供货条件及其资信、经营状况等进行实时管理和综合评价,根据评价结果对供应商进行合理选择和调整。企业可委托具有相应资质的中介机构对供应商进行资信调查。

(4)企业应当根据市场情况和采购计划合理选择采购方式。大宗采购应当采用招标方式,合理确定招投标的范围、标准、实施程序和评标规则;一般物资或劳务等的采购可以采用询价或定向采购的方式并签订合同协议;小额零星物资或劳务等的采购可以采用直接购买等方式。

(5)企业应当建立采购物资定价机制,采取协议采购、招标采购、谈判采购、询比价采购等多种方式合理确定采购价格,最大限度地减小市场变化对企业采购价格的影响。

大宗采购等应当采用招投标方式确定采购价格,其他商品或劳务的采购,应当根据市场行情制定最高采购限价,并对最高采购限价适时调整。

(6)企业应当根据确定的供应商、采购方式、采购价格等情况拟订采购合同,准确描述合同条款,明确双方权利、义务和违约责任,按照规定权限签订采购合同。

企业应当根据生产建设进度和采购物资特性,选择合理的运输工具和运输方式,办理运输、投保等事宜。

(7)企业应当建立严格的采购验收制度,确定检验方式,由专门的验收机构或验收人员对采购项目的品种、规格、数量、质量等相关内容进行验收,出具验收证明。涉及大宗和新、特物资采购的,还应进行专业测试。

验收过程中发现的异常情况,负责验收的机构或人员应当立即向企业有权管理的相关机构报告,相关机构应当查明原因并及时处理。

(8)企业应当加强物资采购供应过程的管理,依据采购合同中确定的主要条款跟踪合同履行情况,对有可能影响生产或工程进度的异常情况,应出具书面报告并及时提出解决方案。

企业应当做好采购业务各环节的记录,实行全过程的采购登记制度或信息化管理,确保采购过程的可追溯性。

2. 付款

(1)企业应当加强采购付款的管理,完善付款流程,明确付款审核人的责任和权力,严格审核采购预算、合同、相关单据凭证、审批程序等相关内容，审核无误后按照合同规定及时办理付款。

企业在付款过程中，应当严格审查采购发票的真实性、合法性和有效性。发现虚假发票的，应查明原因，及时报告处理。

企业应当重视采购付款的过程控制和跟踪管理，发现异常情况的，应当拒绝付款，避免出现资金损失和信用受损。

企业应当合理选择付款方式，并严格遵循合同规定，防范付款方式不当带来的法律风险，保证资金安全。

（2）企业应当加强预付账款和定金的管理。涉及大额或长期的预付款项，应当定期进行追踪核查，综合分析预付账款的期限、占用款项的合理性、不可收回风险等情况，发现有疑问的预付款项，应当及时采取措施。

（3）企业应当加强对购买、验收、付款业务的会计系统控制，详细记录供应商情况、请购申请、采购合同、采购通知、验收证明、入库凭证、商业票据、款项支付等情况，确保会计记录、采购记录与仓储记录核对一致。

企业应当指定专人通过函证等方式，定期与供应商核对应付账款、应付票据、预付账款等往来款项。

（4）企业应当建立退货管理制度，对退货条件、退货手续、货物出库、退货货款回收等做出明确规定，并在与供应商的合同中明确退货事宜，及时收回退货货款。涉及符合索赔条件的退货，应在索赔期内及时办理索赔。

八、资产管理

《企业内部控制应用指引第 8 号——资产管理》所称资产，是指企业拥有或控制的存货、固定资产和无形资产。

（一）需关注的主要风险

（1）存货积压或短缺，可能导致流动资金占用过量、存货价值贬损或生产中断。

（2）固定资产更新改造不够、使用效能低下、维护不当、产能过剩，可能导致企业缺乏竞争力、资产价值贬损、安全事故频发或资源浪费。

（3）无形资产缺乏核心技术、权属不清、技术落后、存在重大技术安全隐患，可能导致企业法律纠纷、缺乏可持续发展能力。

（二）内控要求与措施

1. 存货

（1）企业应当采用先进的存货管理技术和方法，规范存货管理流程，明确存货取得、验收入库、原料加工、仓储保管、领用发出、盘点处置等环节的管理要求，充分利用信息系统，强化会计、出入库等相关记录，确保存货管理全过程的风险得到有效控制。

（2）企业应当建立存货管理岗位责任制，明确内部相关部门和岗位的职责权限，切实做到不相容岗位相互分离、制约和监督。

企业内部除存货管理、监督部门及仓储人员外，其他部门和人员接触存货，应当经过相关部门特别授权。

（3）企业应当重视存货验收工作，规范存货验收程序和方法，对入库存货的数量、质量、技术规格等方面进行查验，验收无误方可入库。

外购存货的验收，应当重点关注合同、发票等原始单据与存货的数量、质量、规格等核对一致。涉及技术含量较高的货物，必要时可委托具有检验资质的机构或聘请外部专家协助验收。

自制存货的验收，应当重点关注产品质量，通过检验合格的半成品、产成品才能办理入库手续，不合格品应及时查明原因、落实责任、报告处理。

其他方式取得存货的验收，应当重点关注存货来源、质量状况、实际价值是否符合有关合同或协议的约定。

（4）企业应当建立存货保管制度，定期对存货进行检查，重点关注下列事项：存货在不同仓库之间流动时应当办理出入库手续；应当按仓储物资所要求的储存条件储存，并健全防火、防洪、防盗、防潮、防病虫害和防变质等管理规范；加强生产现场的材料、周转材料、半成品等物资的管理，防止浪费、被盗和流失；对代管、代销、暂存、受托加工的存货，应单独存放和记录，避免与本单位存货混淆；结合企业实际情况，加强存货的保险投保，保证存货安全，合理降低存货意外损失风险。

（5）企业应当明确存货发出和领用的审批权限，大批存货、贵重商品或危险品的发出应当实行特别授权。仓储部门应当根据经审批的销售（出库）通知单发出货物。

（6）企业仓储部门应当详细记录存货入库、出库及库存情况，做到存货记录与实际库存相符，并定期与财会部门、存货管理部门进行核对。

（7）企业应当根据各种存货采购间隔期和当前库存，综合考虑企业生产经营计划、市场供求等因素，充分利用信息系统，合理确定存货采购日期和数量，确保存货处于最佳库存状态。

（8）企业应当建立存货盘点清查制度，结合本企业实际情况确定盘点周期、盘点流程等相关内容，核查存货数量，及时发现存货减值迹象。企业至少应当于每年年度终了开展全面盘点清查，盘点清查结果应当形成书面报告。

盘点清查中发现的存货盘盈、盘亏、毁损、闲置以及需要报废的存货，应当查明原因、落实并追究责任，按照规定权限批准后处置。

2. 固定资产

（1）企业应当加强房屋建筑物、机器设备等各类固定资产的管理，重视固定资产维护和更新改造，不断提升固定资产的使用效能，积极促进固定资产处于良好运行状态。

（2）企业应当制定固定资产目录，对每项固定资产进行编号，按照单项资产建立固定资产卡片，详细记录各项固定资产的来源、验收、使用地点、责任单位和责任人、运转、维修、改造、折旧、盘点等相关内容。

企业应当严格执行固定资产日常维修和大修理计划，定期对固定资产进行维护保养，切实消除安全隐患。

企业应当强化对生产线等关键设备运转的监控，严格操作流程，实行岗前培训和岗位许可制度，确保设备安全运转。

（3）企业应当根据发展战略，充分利用国家有关自主创新政策，加大技改投入，不断促进固定资产技术升级，淘汰落后设备，切实做到保持本企业固定资产技术的先进性和企业发展的可持续性。

（4）企业应当严格执行固定资产投保政策，对应投保的固定资产项目按规定程序进行审批，及时办理投保手续。

（5）企业应当规范固定资产抵押管理，确定固定资产抵押程序和审批权限等。

企业将固定资产用作抵押的，应由相关部门提出申请，经企业授权部门或人员批准后，由资产管理部门办理抵押手续。

企业应当加强对接收的抵押资产的管理，编制专门的资产目录，合理评估抵押资产的价值。

（6）企业应当建立固定资产清查制度，至少每年进行全面清查。对固定资产清查中发现的问题，应当查明原因，追究责任，妥善处理。

企业应当加强固定资产处置的控制，关注固定资产处置中的关联交易和处置定价，防范资产流失。

3. 无形资产

（1）企业应当加强对品牌、商标、专利、专有技术、土地使用权等无形资产的管理，分类制定无形资产管理办法，落实无形资产管理责任制，促进无形资产有效利用，充分发挥无形资产对提升企业核心竞争力的作用。

（2）企业应当全面梳理外购、自行开发以及其他方式取得的各类无形资产的权属关系，加强无形资产权益保护，防范侵权行为和法律风险。无形资产具有保密性质的，应当采取严格保密措施，严防泄露商业秘密。

企业购入或者以支付土地出让金等方式取得的土地使用权，应当取得土地使用权有效证明文件。

（3）企业应当定期对专利、专有技术等无形资产的先进性进行评估，淘汰落后技术，加大研发投入，促进技术更新换代，不断提升自主创新能力，努力做到核心技术处于同行业领先水平。

（4）企业应当重视品牌建设，加强商誉管理，通过提供高质量产品和优质服务等多种方式，不断打造和培育主业品牌，切实维护和提升企业品牌的社会认可度。

九、销售业务

《企业内部控制应用指引第9号——销售业务》所称销售，是指企业出售商品（或提供劳务）及收取款项等相关活动。

（一）需关注的主要风险

（1）销售政策和策略不当，市场预测不准确，销售渠道管理不当等，可能导致销售不畅、库存积压、经营难以为继。

（2）客户信用管理不到位，结算方式选择不当，账款回收不力等，可能导致销售款项不能收回或遭受欺诈。

（3）销售过程存在舞弊行为，可能导致企业利益受损。

（二）内控要求与措施

1. 销售

（1）企业应当加强市场调查，合理确定定价机制和信用方式，根据市场变化及时调整销售策略，灵活运用销售折扣、销售折让、信用销售、代销和广告宣传等多种策略和营销方式，促进销售目标实现，不断提高市场占有率。

企业应当健全客户信用档案，关注重要客户资信变动情况，采取有效措施，防范信用风险。

企业对于境外客户和新开发客户，应当建立严格的信用保证制度。

（2）企业在销售合同订立前，应当与客户进行业务洽谈、磋商或谈判，关注客户信用状况、销售定价、结算方式等相关内容。

重大的销售业务谈判应当吸收财会、法律等专业人员参加，并形成完整的书面记录。

销售合同应当明确双方的权利和义务，审批人员应当对销售合同草案进行严格审核。重要的销售合同，应当征询法律顾问或专家的意见。

（3）企业销售部门应当按照经批准的销售合同开具相关销售通知。发货和仓储部门应当对销售通知进行审核，严格按照所列项目组织发货，确保货物的安全发运。企业应当加强销售退回管理，分析销售退回原因，及时妥善处理。

企业应当严格按照发票管理规定开具销售发票。严禁开具虚假发票。

（4）企业应当做好销售业务各环节的记录，填制相应的凭证，设置销售台账，实行全过程的销售登记制度。

（5）企业应当完善客户服务制度，加强客户服务和跟踪，提升客户满意度和忠诚度，不断改进产品质量和服务水平。

2. 收款

（1）企业应当完善应收款项管理制度，严格考核，实行奖惩。销售部门负责应收款项的催收，催收记录（包括往来函电）应妥善保存；财会部门负责办理资金结算并监督款项回收。

（2）企业应当加强商业票据管理，明确商业票据的受理范围，严格审查商业票据的真实性和合法性，防止票据欺诈。

企业应当关注商业票据的取得、贴现和背书，对已贴现但仍承担收款风险的票据以及逾期票据，应当进行追索监控和跟踪管理。

（3）企业应当加强对销售、发货、收款业务的会计系统控制，详细记录销售客户、销售合同、销售通知、发运凭证、商业票据、款项收回等情况，确保会计记录、销售记录与仓储记录核对一致。

企业应当指定专人通过函证等方式，定期与客户核对应收账款、应收票据、预收账款等往来款项。

企业应当加强应收款项坏账的管理。应收款项全部或部分无法收回的，应当查明原因，明确责任，并严格履行审批程序，按照国家统一的会计准则制度进行处理。

第四节　企业内部控制评价

内部控制评价是由企业董事会和类似权力机构对内部控制的有效性进行全面评价、形成评价结论、出具评价报告的过程。进行评价的具体内容应围绕内部控制五要素，即内部环境、风险评估、控制活动、信息与沟通、内部监督，以及《基本规范》及《应用指引》中的内容。

企业应制定内部控制评价程序，对内部控制有效性进行全面评价，同时为内部控制评价工作形成工作底稿。在评价工作中明确内部控制缺陷的认定准则。完成评价后，企业应当准备一份内部控制自我评价报告，在其年报中进行披露。企业董事会应当对内部控制评价报告的真实性负责。

一、内部控制评价应当遵循的原则

（1）全面性原则。评价工作应当包括内部控制的设计与运行，涵盖企业及其所属单位的各种业务和事项。

（2）重要性原则。评价工作应当在全面评价的基础上，关注重要业务单位、重大业务事项和高风险领域。

（3）客观性原则。评价工作应当准确地揭示经营管理的风险状况，如实反映内部控制设计与运行的有效性。

二、内部控制评价的内容

（1）确定内部控制评价的具体内容，对内部控制设计与运行情况进行全面评价。

（2）企业组织开展内部环境评价，应当以组织架构、发展战略、人力资源、企业文化、社会责任等应用指引为依据，结合本企业的内部控制制度，对内部环境的设计及实际运行情况进行认定和评价。

（3）企业组织开展风险评估机制评价，应当以《基本规范》有关风险评估的要求，以及各项应用指引中所列主要风险为依据，结合本企业的内部控制制度，对日常经营管理过程中的风险识别、风险分析、应对策略等进行认定和评价。

（4）企业组织开展控制活动评价，应当以《基本规范》和各项应用指引中的控制措施为依据，结合本企业的内部控制制度，对相关控制措施的设计和运行情况进行认定和评价。

（5）企业组织开展信息与沟通评价，应当以内部信息传递、财务报告、信息系统等相关应用指引为依据，结合本企业的内部控制制度，对信息收集、处理和传递的及时性、反舞弊机制的健全性、财务报告的真实性、信息系统的安全性，以及利用信息系统实施内部控制的有效性等进行认定和评价。

（6）企业组织开展内部监督评价，应当以《基本规范》有关内部监督的要求，以及各项应用指引中有关日常管控的规定为依据，结合本企业的内部控制制度，对内部监督机制的有效性进行认定和评价，重点关注监事会、审计委员会、内部审计机构等是否在内部控制设计和运行中有效发挥监督作用。

（7）内部控制评价工作应当形成工作底稿，详细记录企业执行评价工作的内容，包括评价要素、主要风险点、采取的控制措施、有关证据资料以及认定结果等。

评价工作底稿应当设计合理、证据充分、简便易行、便于操作。

三、内部控制评价的程序

（1）企业应当按照内部控制评价办法规定的程序，有序开展内部控制评价工作。

内部控制评价程序一般包括：制定评价工作方案、组成评价工作组、实施现场测试、认定控制缺陷、汇总评价结果、编报评价报告等环节。

企业可以授权内部审计部门或专门机构（以下简称内部控制评价部门）负责内部控制评价的具体组织实施工作。

（2）企业内部控制评价部门应当拟订评价工作方案，明确评价范围、工作任务、人员组织、进度安排和费用预算等相关内容，报经董事会或其授权机构审批后实施。

（3）企业内部控制评价部门应当根据经批准的评价方案，组成内部控制评价工作组，具体实施内部控制评价工作。评价工作组应当吸收企业内部相关机构熟悉情况的业务骨干参加。评价工作组成员对本部门的内部控制评价工作应当实行回避制度。

企业可以委托中介机构实施内部控制评价。为企业提供内部控制审计服务的会计师事务所，不得同时为同一企业提供内部控制评价服务。

（4）内部控制评价工作组应当对被评价单位进行现场测试，综合运用个别访谈、调查问卷、专题讨论、穿行测试、实地查验、抽样和比较分析等方法，充分收集被评价单位内部控制设计和运行是否有效的证据，按照评价的具体内容，如实填写评价工作底稿，研究分析内部控制缺陷。

四、内部控制缺陷的认定

（1）内部控制缺陷包括设计缺陷和运行缺陷。企业对内部控制缺陷的认定，应当以日常监督和专项监督为基础，结合年度内部控制评价，由内部控制评价部门进行综合分析后提出认定意见，按照规定的权限和程序进行审核后予以最终认定。

（2）企业在日常监督、专项监督和年度评价工作中，应当充分发挥内部控制评价工作组的作用。内部控制评价工作组应当根据现场测试获取的证据，对内部控制缺陷进行初步认定，并按其影响程度分为重大缺陷、重要缺陷和一般缺陷。

重大缺陷，是指一个或多个控制缺陷的组合，可能导致企业严重偏离控制目标。

重要缺陷，是指一个或多个控制缺陷的组合，其严重程度和经济后果低于重大缺陷，但仍有可能导致企业偏离控制目标。

一般缺陷，是指除重大缺陷、重要缺陷之外的其他缺陷。

重大缺陷、重要缺陷和一般缺陷的具体认定标准，由企业根据上述要求自行确定。

（3）企业内部控制评价工作组应当建立评价质量交叉复核制度，评价工作组负责人应当对评价工作底稿进行严格审核，并对所认定的评价结果签字确认后，提交企业内部控制评价部门。

（4）企业内部控制评价部门应当编制内部控制缺陷认定汇总表，结合日常监督和专项监督发现的内部控制缺陷及其持续改进情况，对内部控制缺陷及其成因、表现形式和影响程度进行综合分析和全面复核，提出认定意见，并以适当的形式向董事会、监事会或者经理层报告。重大缺陷应当由董事会予以最终认定。

企业对于认定的重大缺陷，应当及时采取应对策略，切实将风险控制在可承受度之内，并追究有关部门或相关人员的责任。

五、内部控制评价报告

（1）企业应当根据《基本规范》《应用指引》，设计内部控制评价报告的种类、格式和内容，明确内部控制评价报告编制程序和要求，按照规定的权限报经批准后对外报出。

（2）内部控制评价报告应当分别内部环境、风险评估、控制活动、信息与沟通、内部监督等要素进行设计，对内部控制评价过程、内部控制缺陷认定及整改情况、内部控制有效性的结论等相关内容做出披露。

（3）内部控制评价报告至少应当披露下列内容。

①董事会对内部控制报告真实性的声明。

②内部控制评价工作的总体情况。

③内部控制评价的依据。

④内部控制评价的范围。

⑤内部控制评价的程序和方法。

⑥内部控制缺陷及其认定情况。

⑦内部控制缺陷的整改情况及重大缺陷拟采取的整改措施。

⑧内部控制有效性的结论。

（4）企业应当根据年度内部控制评价结果，结合内部控制评价工作底稿和内部控制缺陷汇总表等资料，按照规定的程序和要求，及时编制内部控制评价报告。

（5）内部控制评价报告应当报经董事会或类似权力机构批准后对外披露或报送相关部门。

企业内部控制评价部门应当关注自内部控制评价报告基准日至内部控制评价报告发出日之间是否发生影响内部控制有效性的因素，并根据其性质和影响程度对评价结论进行相应调整。

（6）企业内部控制审计报告应当与内部控制评价报告同时对外披露或报送。

（7）企业应当以 12 月 31 日作为年度内部控制评价报告的基准日。内部控制评价报告应于基准日后 4 个月内报出。

（8）企业应当建立内部控制评价工作档案管理制度。内部控制评价的有关文件资料、工作底稿和证明材料等应当妥善保管。

第五节　企业内部控制审计

一、总则

（1）建立健全和有效实施内部控制，评价内部控制的有效性是企业董事会的责任。按照本指引的要求，在实施审计工作的基础上对内部控制的有效性发表审计意见，是注册会计师的责任。

（2）注册会计师执行内部控制审计工作，应当获取充分、适当的证据，为发表内部控制审计意见提供合理保证。

注册会计师应当对财务报告内部控制的有效性发表审计意见，并对内部控制审计过程中注意到的非财务报告内部控制的重大缺陷，在内部控制审计报告中增加"非财务报告内部控制重大缺陷描述段"予以披露。

（3）注册会计师可以单独进行内部控制审计，也可将内部控制审计与财务报表审计整合进行（以下简称整合审计）。

二、计划审计工作

（1）注册会计师应当恰当地计划内部控制审计工作，配备具有专业胜任能力的项目组，并对助理人员进行适当的督导。

（2）在计划审计工作时，注册会计师应当评价下列事项对内部控制、财务报表以及审计工作的影响。

①与企业相关的风险。

②相关法律法规和行业概况。

③企业组织结构、经营特点和资本结构等相关重要事项。

④企业内部控制最近发生变化的程度。

⑤与企业沟通过的内部控制缺陷。

⑥重要性、风险等与确定内部控制重大缺陷相关的因素。

⑦对内部控制有效性的初步判断。

⑧可获取的、与内部控制有效性相关的证据的类型和范围。

（3）注册会计师应当以风险评估为基础，选择拟测试的控制，确定测试所需收集的证据。

内部控制的特定领域存在重大缺陷的风险越高，给予该领域的审计关注就越多。

（4）注册会计师应当对企业内部控制自我评价工作进行评估，判断是否利用企业内部审计人员、内部控制评价人员和其他相关人员的工作以及可利用的程度，相应减少可能本应由注册会计师执行的工作。

注册会计师利用企业内部审计人员、内部控制评价人员和其他相关人员的工作，应当对其专业胜任能力和客观性进行充分评价。

与某项控制相关的风险越高，可利用程度就越低，注册会计师应当更多地对该项控制亲自进行测试。

注册会计师应当对发表的审计意见独立承担责任，其责任不因为利用企业内部审计人员、内部控制评价人员和其他相关人员的工作而减轻。

三、实施审计工作

（1）注册会计师应当按照自上而下的方法实施审计工作。注册会计师在实施审计工作时，可以将企业层面控制和业务层面控制的测试结合进行。

（2）注册会计师测试企业层面控制，应当把握重要性原则，至少应当关注以下几个方面。

①与内部环境相关的控制。

②针对董事会、经理层凌驾于控制之上的风险而设计的控制。

③企业的风险评估过程。

④对内部信息传递和财务报告流程的控制。

⑤对控制有效性的内部监督和自我评价。

（3）注册会计师测试业务层面控制，应当把握重要性原则，结合企业实际、企业内部控制各项《应用指引》的要求和企业层面控制的测试情况，重点对企业生产经营活动中的重要业务与事项的控制进行测试。

注册会计师应当关注信息系统对内部控制及风险评估的影响。

（4）注册会计师在测试企业层面控制和业务层面控制时，应当评价内部控制是否足以应对舞弊风险。

（5）注册会计师应当测试内部控制设计与运行的有效性。

（6）注册会计师应当根据与内部控制相关的风险，确定拟实施审计程序的性质、时间安排和范围，获取充分、适当的证据。

（7）注册会计师在测试控制设计与运行的有效性时，应当综合运用询问适当人员、观察经营活动、检查相关文件、穿行测试和重新执行等方法。

（8）注册会计师在确定测试的时间安排时，应当在下列两个因素之间做出平衡，以获取充分、适当的证据。

①尽量在接近企业内部控制自我评价基准日实施测试。

②实施的测试需要涵盖足够长的期间。

（9）注册会计师对于内部控制运行偏离设计的情况（即控制偏差），应当确定该偏差对相关风险评估、需要获取的证据以及控制运行有效性结论的影响。

（10）在连续审计中，注册会计师在确定测试的性质、时间安排和范围时，应当考虑以前年度执行内部控制审计时了解的情况。

四、评价控制缺陷

（1）内部控制缺陷按其成因分为设计缺陷和运行缺陷，按其影响程度分为重大缺陷、重要缺陷和一般缺陷。

（2）在确定一项内部控制缺陷或多项内部控制缺陷的组合是否构成重大缺陷时，注册会计师应当评价补偿性控制（替代性控制）的影响。

（3）表明内部控制可能存在重大缺陷的迹象，主要包括以下方面。

①注册会计师发现董事、监事和高级管理人员舞弊。

②企业更正已经公布的财务报表。

③注册会计师发现当期财务报表存在重大错报，而内部控制在运行过程中未能发现该错报。

④企业审计委员会和内部审计机构对内部控制的监督无效。

五、完成审计工作

（1）注册会计师完成审计工作后，应当取得经企业签署的书面声明。书面声明应当包括下列内容。

①企业董事会认可其对建立健全和有效实施内部控制负责。

②企业已对内部控制的有效性做出自我评价，并说明评价时采用的标准以及得出的结论。

③企业没有利用注册会计师执行的审计程序及其结果作为自我评价的基础。

④企业已向注册会计师披露识别出的所有内部控制缺陷，并单独披露其中的重大缺陷和重要缺陷。

⑤企业对于注册会计师在以前年度审计中识别的重大缺陷和重要缺陷，是否已经采取措施予以解决。

⑥企业在内部控制自我评价基准日后，内部控制是否发生重大变化，或者存在对内部控制具有重要影响的其他因素。

（2）企业如果拒绝提供或以其他不当理由回避书面声明，注册会计师应当将其视为审计范围受到限制，解除业务约定或出具无法表示意见的内部控制审计报告。

（3）注册会计师应当与企业沟通审计过程中识别的所有控制缺陷。对于其中的重大缺陷和重要缺陷，应当以书面形式与董事会和经理层沟通。

注册会计师认为审计委员会和内部审计机构对内部控制的监督无效的，应当就此以书面形式直接与董事会和经理层沟通。

（4）注册会计师应当对获取的证据进行评价，形成对内部控制有效性的意见。

六、出具审计报告

（1）注册会计师在完成内部控制审计工作后，应当出具内部控制审计报告。

（2）符合下列所有条件的，注册会计师应当对财务报告内部控制出具无保留意见的内部控制审计报告。

①企业按照《基本规范》《应用指引》《评价指引》以及企业自身内部控制制度的要求，在所有重大方面保持了有效的内部控制。

②注册会计师已经按照《审计指引》的要求计划和实施审计工作，在审计过程中未受到限制。

（3）注册会计师认为财务报告内部控制虽不存在重大缺陷，但仍有一项或者多项重大事项需要提请内部控制审计报告使用者注意的，应当在内部控制审计报告中增加强调事项段予以说明。

注册会计师应当在强调事项段中指明，该段内容仅用于提醒内部控制审计报告使用者关注，并不影响对财务报告内部控制发表的审计意见。

（4）注册会计师认为财务报告内部控制存在一项或多项重大缺陷的，除非审计范围受到限制，应当对财务报告内部控制发表否定意见。

注册会计师出具否定意见的内部控制审计报告，还应当包括下列内容。

①重大缺陷的定义。

②重大缺陷的性质及其对财务报告内部控制的影响程度。

（5）注册会计师审计范围受到限制的，应当解除业务约定或出具无法表示意见的内部控制审计报告，并就审计范围受到限制的情况，以书面形式与董事会进行沟通。

注册会计师在已执行的有限程序中发现财务报告内部控制存在重大缺陷的，应当在内部控制审计报告中对重大缺陷做出详细说明。

（6）注册会计师对在审计过程中注意到的非财务报告内部控制缺陷，应当区别具体情况予以处理。

①注册会计师认为非财务报告内部控制缺陷为一般缺陷的，应当与企业进行沟通，提醒企业加以改进，但无需在内部控制审计报告中说明。

②注册会计师认为非财务报告内部控制缺陷为重要缺陷的，应当以书面形式与企业董事会和经理层沟通，提醒企业加以改进，但无需在内部控制审计报告中说明。

③注册会计师认为非财务报告内部控制缺陷为重大缺陷的，应当以书面形式与企业

董事会和经理层沟通,提醒企业加以改进;同时应当在内部控制审计报告中增加非财务报告内部控制重大缺陷描述段,对重大缺陷的性质及其对实现相关控制目标的影响程度进行披露,提示内部控制审计报告使用者注意相关风险。

(7)在企业内部控制自我评价基准日并不存在、但在该基准日之后至审计报告日之前(以下简称期后期间)内部控制可能发生变化,或出现其他可能对内部控制产生重要影响的因素。注册会计师应当询问是否存在这类变化或影响因素,并获取企业关于这些情况的书面声明。

注册会计师知悉对企业内部控制自我评价基准日内部控制有效性有重大负面影响的期后事项的,应当对财务报告内部控制发表否定意见。

注册会计师不能确定期后事项对内部控制有效性的影响程度的,应当出具无法表示意见的内部控制审计报告。

七、记录审计工作

注册会计师应当按照规定,编制内部控制审计工作底稿,完整记录审计工作情况。

第六节 内部控制的局限性

内部控制无论设计多么科学,都无法消除其本身的局限性。企业内部控制存在一些固有的局限性,归纳起来主要有以下几方面。

1. 受成本与效益原则的制约

内部控制所寻求的保证水平要根据制度耗费的成本来决定。一般来说,控制程序的成本不能超过风险或错误可能造成的损失和浪费,否则,内部控制措施就不具有经济性。因此,没有一种内部控制是完美无缺的。就一个大中型企业而言,由于企业的整个生产和管理环节分工较细,因而设计健全的内部控制系统是值得的;而在一个中小型企业,则很难保证建立与大中型企业同样健全的内部控制系统在经济上是合适的。

2. 受经济活动的不断变化的影响

企业原有的内部控制一般都是为那些重复发生的业务类型而设计,这些控制措施对于不正常或未能预料到的业务类型的控制则无能为力。内部控制可能因为经营环境、业务性质的改变而削弱或失效。

3. 受企业环境的影响

不同行业、不同领域、处在不同管理水平上的企业在内部控制系统的设计与实施上存在差异,对统一化、标准化生产适用的或者在较为健全的控制环境下适用的内部控制系统,可能会在另一些环境下、另一些领域和企业不适用。比如,COSO报告中提出的内部控制措施,在理论界得到了广泛的好评,但它更多地站在审计立场考虑如何理解和评价现存的或正在运行的内部控制,对如何设计和执行内部控制系统关注不多,实际上默认了较为健全的内部控制环境已经存在,因而对于一些中国企业并不十分适用。因此,在内部控制的设计和实施上,并没有绝对的标准。

4. 受企业文化的影响

文化上的差异可能会带来对内部控制系统的抵触。比如,对于西方企业而言,它们适应于制度条例管理,不服从于权威但服从于规则,这种思想与内部控制的理念相符;而大量的东方企业都存在这样的文化,即没有十分明确的责任和产权观念,崇尚集体主义,讲究一团和气,这种观念能发挥柔性组织的好处,但某种程度上与内部控制的观念是相抵触的。

5. 受串通舞弊的冲击

不相容职务的恰当分离可以为避免一人从事和隐瞒不合规行为提供一定的保证。但是,两名或更多的人员合伙即可以逃避这种控制。比如,出纳人员和会计人员舞弊、财务保管人员和财产核对人员合伙造假等。对此,则再好的控制措施也无能为力。

6. 受人为错误的影响

内部控制发挥作用的关键在于执行人员准确的操作。然而,人们在执行控制职责时不可能始终正确无误。执行控制人员因为生理和心理因素都会影响内部控制正常功能的发挥。如果内部控制执行者情绪和健康状况不佳,执行人员粗心大意、精力分散、身体不适、理解错误、判断失误、曲解指令都会造成控制的失效。

7. 受管理者越权的冲击

任何内部控制也不能防止那些负责监督控制的管理人员滥用职权,都存在着管理人员避开,或批示其下属避开某些预定程序的可能性。企业管理当局可能凌驾于控制之上。当管理部门或主要管理者极力弄虚作假、故意错报财务状况和经营成果时,这类错报也无法防止。

8. 受企业人员素质的影响

内部控制能否发挥应有的作用取决于该控制系统有关工作人员的素质。工作人员要具有与工作要求相适应的工作能力。企业内部控制执行人员责任心不强,忽视控制程序、错误判断也会导致内部控制失灵。

复习思考题

即测即练

1. 从内部控制的发展史中你得到什么启示?
2. 内部控制要素有哪些?各包含什么内容?
3. 你认为内部控制与风险管理的关系是什么?
4. 我国《企业内部控制基本规范》中规定了哪些控制活动?
5. 我国《企业内部控制基本规范》中规定了内部控制的目标有哪些?
6. 《企业内部控制应用指引》的第1—5号列举的主要风险是什么?
7. 内部控制缺陷如何分类?
8. 企业董事会对内部控制的责任是什么?
9. 注册会计师对内部控制的责任是什么?

参考文献

[1] CHANDLER A D. Strategy and Structure: Chapters in the History of the Industrial Enterprise[M]. Cambridge: MIT press,1962.

[2] 大前研一. 企业家的战略头脑[M]. 杨沐, 等译. 北京: 生活·读书·新知三联书店, 1986.

[3] 黄旭. 战略管理（思维与要径）[M]. 北京: 机械工业出版社, 2021.

[4] 迈克尔·波特. 国家竞争优势[M]. 李明轩, 邱如美译. 北京: 华夏出版社, 2002.

[5] 迈克尔·波特. 竞争战略[M]. 郭武军, 刘亮译. 北京: 华夏出版社, 2012.

[6] 迈克尔·A. 希特, R. 杜安·爱尔兰. 战略管理（竞争与全球化概念）[M]. 北京: 机械工业出版社, 2018.

[7] 罗伯特·E. 霍斯基森, 迈克尔·A. 希特, R. 杜安·爱尔兰. 战略管理理论与案例[M]. 北京: 清华大学出版社, 2012.

[8] 杰伊·巴尼, 威廉·赫斯特里, 李新春, 张书军. 战略管理[M]. 北京: 机械工业出版社, 2010.

[9] 张文松. 战略管理——获取竞争优势之道[M]. 北京: 机械工业出版社, 2010.

[10] 梅森·卡彭特, 杰瑞德·桑德斯. 战略管理（动态观点）[M]. 北京: 机械工业出版社, 2009.

[11] 伊戈尔·安索夫. 战略管理[M]. 北京: 机械工业出版社, 2010.

[12] 秦荣生, 张庆龙. 企业内部控制与风险管理[M]. 北京: 经济科学出版社, 2012.

[13] 池国华, 朱荣. 内部控制与风险管理[M]. 北京: 中国人民大学出版社, 2015.

[14] 卢侠巍. 当代金融衍生工具交易风险控制案例教程[M]. 北京: 经济科学出版社, 2011.

[15] 林发春. 企业风险管理——基于金融衍生工具应用案例研究[M]. 北京: 中国金融出版社, 2014.

[16] 上海国家会计学院. 公司战略[M]. 北京: 经济科学出版社, 2011.

[17] 张元萍. 金融衍生工具[M]. 北京: 首都经济贸易大学出版社, 2011.

[18] 李维安. 公司治理学[M]. 北京: 高等教育出版社, 2005.

[19] 汪昌云. 金融衍生工具[M]. 北京: 中国人民大学出版社, 2017.

[20] 中国注册会计师协会. 公司战略与风险管理[M]. 北京: 中国财政经济出版社, 2022.

[21] 迈克尔·波特. 竞争优势[M]. 北京: 华夏出版社, 1997.

[22] 王周伟. 风险管理[M]. 北京: 机械工业出版社, 2021.

[23] 企业内部控制编审委员会. 企业内部控制基本规范及配套指引案例讲解[M]. 北京: 立信会计出版社, 2012.

[24] 蒋冲, 罗焰. "王老吉"之命运多舛——兼谈结构性无形资源战略价值维护[J]. 财会月刊, 2014（1）下: 99-101.

[25] 李芊蕾. 对创维事件的反思[J]. 交通企业管理, 2005（5）: 55-56.

[26] 张倩，赵培．从万科"捐款门事件"看企业公关危机诱因 [J]．产权导刊，2008（7）：13-15.

[27] Darrell·雀巢公司：婴儿奶粉危机的经验与教训 [J]．决策探索，2007（12）：41-42.

[28] 杨飞翔．案例七：蓝田神话的破灭 [J]．公司法律评论，2002（11）：346-354.

[29] 王文兵，张春强，干胜道．新时代上市公司治理：中国情境与国际接轨 [J]．JTG，2019（2）：114-120.

[30] 陆宇建，张继袖，吴爱萍．中航油事件的行为金融学思考 [J]．软科学，2007（8）：56-60.

[31] 理查德·派克，比尔·尼尔．公司财务与投资——决策与战略（第四版）[M]．孔宁宁译．北京：中国人民大学出版社，2006：367-368.

[32] COSO．企业风险管理——整合框架 [M]．方红星，王宏，译．大连：东北财经大学出版社，2005.

附 录

附录 A OECD 公司治理原则

该原则最早发布于 1999 年，2004 年和 2015 年进行修正，被认为是全球范围内政策制定者、投资人、公司和其他利益相关者的国际标准，成为体现各成员国及非成员国公司治理挑战及经验的范本。该原则提供了适用于各个国家和地区特殊情况的非约束性标准、良好实践和实施指南。2015 年修订准则内容如下：

1. 确保有效的公司治理框架

（1）公司治理框架应当有助于构建透明、有效的市场，遵守法制原则，明确规定不同的监管、管理及执行权力之间的责任划分。

（2）公司治理框架建立在法律、法规及其有效监督和实施的基础上。

（3）公司治理框架应有利于促进企业的经营效率，政策制定者有责任制定足够灵活的框架，推动公司有效地调动资源并创造价值。

（4）监督机构应加大政策实施力度，提高对违规施加有效惩罚的能力。

2. 股东权利、平等对待股东和关键所有权功能

（1）股东有权参与且应当被充分通知关于公司变更的决定。

（2）股东的基本权利应当包括：所有权；及时定期地获得公司相关的重大信息；分享公司利润。

（3）股东应当有机会有效地参与股东大会，并进行投票，且应获得包括投票程序在内的股东大会规则通知；应当促进股东有效地参与重要的公司治理决策；应当披露使得特定股东拥有与其股权不成比例的控制权的资本结构及安排。

（4）公司控制权市场的运行应当透明。股东理解他们的权利，并受到公平的对待。

（5）应当推动包括机构投资者在内的所有股东行使所有者权利。

（6）应当允许包括机构投资者在内的股东根据本准则所定义的基本股东权利进行互相征询。

（7）包括小股东和外国股东在内的所有股东应该享有平等的待遇。

3. 机构投资者、证券交易所和其他中介机构在公司治理中的作用

（1）机构投资者应当披露与其投资有关的全部公司治理及投票政策，包括使用投票权的程序。

（2）应及时披露那些可能影响所有者权利的利益冲突。为了避免可能的市场操纵，对投资者和其他机构之间的股东合作协议也应做必要的披露。

（3）交易所确保有效的、公平的价格形成机制，并建立畅通的信息传播渠道以确保投资者能平等、及时和低成本地获取有关信息。

4. 公司治理中的利益相关者的权利

（1）应当认可利益相关者的权利，特别是法律法规中详细说明的权利。

（2）应当确保债权的实施机制，以及处理金融危机的有关破产程序。

5. 信息披露及透明度

（1）所有股东应该能够及时准确地获得有关公司实质性问题的所有信息，这些信息包括公司的财务状况、经营状况、股权结构等。

（2）在应披露的实质性信息方面，增加了对非财务信息的披露要求，鼓励公司披露在关商业伦理、环境保护、可持续发展和其他公共政策的承诺。

（3）关联交易披露规则的核心是界定关联交易和关联人的范围。将可能利用关联关系间接实现的交易活动都包括在内，以维护公平交易秩序。

（4）上市公司以"遵守或解释"为基础在定期报告中披露公司治理相关的信息。特别是披露股东、董事会和管理层之间的权力划分，公司应清晰地描述董事长与CEO的作用和职责，当董事长与CEO合二为一时，应解释其合理性。

6. 董事会责任

（1）董事会应确保公司的战略导向，对管理层的有效监督，对所有股东的责任。

（2）为了履行他们的职责，董事会成员应有权获得准确的、有关的、适时的信息。

（3）董事会应该公平地对待所有的股东，用高尚的理论标准对待利益相关者。

（4）董事会应该监督高管人员，将其利益与公司利益结合起来。

（5）董事会应当考虑任命足够数量的非执行董事，确保非执行董事的独立性。

（6）董事会加强其内部控制和审计功能，董事会在确保公司财务报告的真实性方面负有最终责任。

资料来源：黄旭. 战略管理 [M]. 北京：机械工业出版社，2021.

附录 B　中国《上市公司治理准则》（修订）

　　2018年9月30日证监会发布了新修订的《上市公司治理准则》。《上市公司治理准则》修订贯彻落实党的十九大精神，将党建工作要求融入上市公司治理，发挥党的政治核心作用，推动党的建设与公司治理相结合，把"无形"的党建成效转化为"有形"的企业发展优势。《上市公司治理准则》修订是以公司治理中出现的新情况为问题导向，参照、借鉴与吸收OECD《公司治理原则》，总结我国资本市场多年监管与上市公司治理实践，逐步形成了相对完善的规则体系，中国特色与国际接轨并举，有助于提升上市公司治理水平，促进资本市场稳定健康发展。

　　资料来源：王文兵，张春强，干胜道.新时代上市公司治理：中国情境与国际接轨[J].JTG，2019（2）：114-120.

教师服务

感谢您选用清华大学出版社的教材！为了更好地服务教学，我们为授课教师提供本书的教学辅助资源，以及本学科重点教材信息。请您扫码获取。

▶▶ 教辅获取

本书教辅资源，授课教师扫码获取

▶▶ 样书赠送

企业管理类重点教材，教师扫码获取样书

 清华大学出版社

E-mail: tupfuwu@163.com
电话：010-83470332 / 83470142
地址：北京市海淀区双清路学研大厦 B 座 509
网址：http://www.tup.com.cn/
传真：8610-83470107
邮编：100084